Marc Chagall · Klaus Mayer

PSALMEN IN BILDERN

Marc Chagall · Klaus Mayer

PSALMEN IN BILDERN

echter

Die Deutsche Bibliothek – CIP-Einheitsaufnahme

Mayer, Klaus:
Psalmen in Bildern / Marc Chagall ; Klaus Mayer. –
Würzburg : Echter, 1995
ISBN 3-429-01659-2
NE: Chagall, Marc [Ill.]

Umschlaggestaltung: Ernst Loew
Gesamtherstellung: Echter Würzburg,
Fränkische Gesellschaftsdruckerei und Verlag GmbH
ISBN 3-429-01659-2

MARC und VAVA CHAGALL
in liebendem Gedenken

INHALT

	Vorwort	7
Psalm 1	WOHL	8
Psalm 2	GESALBT	10
Psalm 3	BESCHÜTZT	12
Psalm 5	ERFREUT	14
Psalm 6	ENTSCHNÜRT	16
Psalm 7	GERETTET	18
Psalm 11	ANGESCHAUT	20
Psalm 13	UNVERGESSEN	22
Psalm 18	GEBORGEN	24
Psalm 22	GEWORFEN	26
Psalm 23	GESTILLT	28
Psalm 25	ERHÖRT	30
Psalm 31	ENTRISSEN	32
Psalm 32	VERGEBEN	34
Psalm 39	VERGÄNGLICH	36
Psalm 40	HÖRSAM	38
Psalm 44	ERWACHE	40
Psalm 45	ANMUTIG	42
Psalm 48	UMJUBELT	44
Psalm 51	ZERBROCHEN	46
Psalm 63	SEHNSÜCHTIG	48
Psalm 71	ZUFLUCHT	50
Psalm 72	ERBLÜHT	52
Psalm 77	UNABLÄSSIG	54
Psalm 100	ERKENNT	56
Psalm 114	DANKBAR	58
Psalm 122	JERUSALEM	60
Psalm 143	LECHZEND	62
Psalm 147	GESEGNET	64
Psalm 150	PREISUNG	66

VORWORT

Psalmen sind Gespräch des Menschen mit seinem Gott, zugleich in Stellvertretung alles Geschaffenen auf der Erde. Von dem begleitenden Saiteninstrument her, der Harfe, werden sie »Psalmen« genannt. In ihnen wird Gott angesprochen und alles mit ihm besprochen: Freude und Leid, Angst und Zuversicht, eigene Schuld und äußere Bedrohung, Ratlosigkeit und Fragen, Erinnerung, Erwartung und Liebe. Alle Emotionen kommen zu Wort: Lob, Dank, Jubel, aber ebenso Bitte, Traurigkeit und Trauer, Klage bis zur Anklage, zum Aufschrei. Nicht thematisch geordnet, wechseln Lob und Klage, Dank und Bitte, Verzweiflung und sehnsüchtige Liebe, entsprechend den wechselhaften Situationen und Befindlichkeiten des Lebens.

»Psalmen Davids« werden sie oft benannt, weil David als Leitbild für alle Psalmisten steht. Sie faszinieren, weil der Betende seinen Emotionen freien Lauf läßt, ganzmenschlich betet. Deshalb oft gesungen, von Instrumenten begleitet, sind sie Lieblingsthemen großer Komponisten.

Psalmen sind oft vertont, kaum gemalt worden. Wie Musik über das Gehör, vermögen aber auch Bilder über das Sehvermögen sinnenhaftem Beten zu dienen.

Mit dem Buch der Psalmen hat sich Marc Chagall 1978 intensiv befaßt. Am 13. Dezember erzählte er mir, Grafiken für ein Buch »PSAUMES DE DAVID« geschaffen zu haben, die am 31. Oktober 1979 im Verlag Cramer, Genf, erschienen sind. So haben wir Marc und Vava Chagall, denen das Buch gewidmet ist, aber auch Gérald Cramer in ehrendem Gedenken und Frau Ynes, die sein Schaffen begleiteten, besonders zu danken. Aus langjähriger Freundschaft und Zusammenarbeit von Künstler und Verleger sind die »PSAUMES DE DAVID« in großer Einfühlungsgabe, einem Gebetbuch ähnlich, äußerst stilvoll gestaltet. Die Druckvorlagen für die Reproduktionen im Buch sind den 30 Grafiken auf »Velin d'Arches« entnommen, dankenswerterweise von Patrick Cramer betreut.

Marc Chagall hat für die Psalmen die Maltechnik der Radierung mit Aquatinta gewählt, weil sie sich auf Licht und Schatten beschränkt. Damit ist schon die Malweise Spiegelbild menschlichen Lebens, das sich im äußeren Ablauf von Tag und Nacht und im Innern im Wechsel von Licht und Dunkel bewegt. Das Miteinander von Radierung und Aquatinta nimmt Härte, wirkt wohltuend.

Marc Chagall malt supranatural. Es geht ihm um das Übergründige. Deshalb muß er die Realität, zuweilen schockierend, aufbrechen auf die darüberliegende Wirklichkeit hin. Gilt das für sein gesamtes Kunstschaffen, so besonders für lyrische Ikonographie mit der ihr eigenen, Ergriffenheit und Betroffenheit weckenden Sinnverdichtung und Bedeutungsintensität. Die Bereitung des Bildgrundes mittels Abschattierungen, von Marc Chagall »Chimie« genannt, und die »Construction psychique«, nach der jedes Bildelement den Platz erhält, der seiner psychischen Strahlungskraft entspricht, wird in den Bildmeditationen aufgezeigt. Jedes Bildelement muß in Zusammenschau mit allen anderen und dem Psalmtext gesehen werden.

Marc Chagall ist jüdischer Mystiker, Bildprophet. Seine Grafik entstammt dem empfangenen, inneren Bild, dem er in malerischer Umsetzung möglichst nahekommen muß. Der Prophetie wiederum ist es eigen, daß sie zugleich enthüllt und verhüllt. Oft sind es nur zarte Andeutungen, die zum Verstehen wichtig sind.

»Psalmen in Bildern« will das Kunstwerk vielen zugängig machen, allen, die Psalmen beten und diese, wie auch die Kunst von Marc Chagall lieben. In Direktor Dr. Elmar Wegner und Lektor Dr. habil. Markus Knapp danke ich dem Echter Verlag für die bewährte, gute Buchgestaltung, Frau Anne-Marie Seelig für sorgsames Korrekturlesen. »Psalmen in Bildern« will helfen zu ganzmenschlichem, sinnenhaftem Sprechen mit Gott.

Wohl dem Mann,
der nicht dem Rat der Frevler folgt,
nicht auf dem Weg der Sünder geht,
nicht im Kreis der Spötter sitzt,
sondern Freude hat an der Weisung des Herrn,
über seine Weisung nachsinnt bei Tag und bei Nacht.
Er ist wie ein Baum, der an Wasserbächen gepflanzt ist,
der zur rechten Zeit seine Frucht bringt
und dessen Blätter nicht welken.
Alles, was er tut, wird ihm gut gelingen.

Psalm 1,1–3

WOHL

Gottes Weisung, schaubar rechts unten, ist dargestellt in den Tafeln des Bundes. Erhöht, weil von oben gegeben, sind sie eingebettet in üppiges Laubwerk eines der Hervorhebung und als Lesepult dienenden Baumes. Biblischer Weisung entstammen auch die von Marc Chagall aus innerer Schau heraus gemalten Psalmen. Und weil es um Lieder geht, ist der Bildgrund stellenweise – hier rechts oben und unten – mit sehr feinen, kleinen Notenzeichen strukturiert.

Der Baum, in der Erde verwurzelt, kann wachsen, treibt Zweige und Blätter. Mehr noch birgt Gottes Wort unerschöpfliches Leben in sich, das der Erde gegeben, in ihr und für ihr Wohl wirksam werden will.

In der Diagonale sehen wir zur Linken einen zweiten Baum, höher und größer als der mit den Tafeln. In reich belaubter Baumkrone ruht, von ihr getragen, ein Mann. Er ist es, dem der Psalm zusagt: »Wohl dem Mann, der ... Freude hat an der Weisung des Herrn.« In ihm ist Gottes Wort wirksam geworden, das ihn erhebend erhöht hat. In ihm ist er über sich hinausgewachsen zu seinem Wohl und Glück: »Alles, was er tut, wird ihm gut gelingen.« Weil in Gott tief eingewurzelt, ist er selbst wie ein Baum voll Leben und Fruchtbarkeit.

Nicht nur – damaligem Sprachgebrauch entsprechend – dem Mann, sondern gleiches Wohl gilt auch der links an den Baum geschmiegten Frau. Im Psalm gemeint ist der Mensch, den Gott in Mann und Frau geschaffen hat. Wohl jedem Menschen, der lebt von Gottes Wort!

Unter dem Baum göttlicher Weisung befindet sich ein Vogel. Ihm ist es gegeben, daß er sich zur Höhe schwingen, fliegen kann. So wird er zum Bild für das »Abbild Gottes« (Gen 1,22), den Menschen, der sich mit den ihm eingeschaffenen Kräften des Verstandes und Gemütes zu überschreiten, aufzuschwingen vermag bis hin zur Begegnung mit Gott.

Der durch Gottes Wort Erhöhte sinnt nach über die Weisung des Herrn im Taglicht der Sonne links oben, im Nachtlicht des Mondes am rechten Bildrand. Dem von Gottes Wort erleuchteten Menschen zugeordnet ist die strahlende Sonne. Der Weisung, die empfangen ist und werden will, entspricht das Symbol der Empfänglichkeit, der Mond.

Trotz allem unverzichtbaren Bemühen ist »Wohl« Geschenk Gottes, dargestellt in dem von oben auf den Menschen zufliegenden Engel, dem ein anderer folgt.

Gottes Weisung und Wirken, Engel und Mensch, Mann und Frau, Sonne und Mond, Vogel und Baum in ihrem Zusammenspiel dienen dem WOHL.

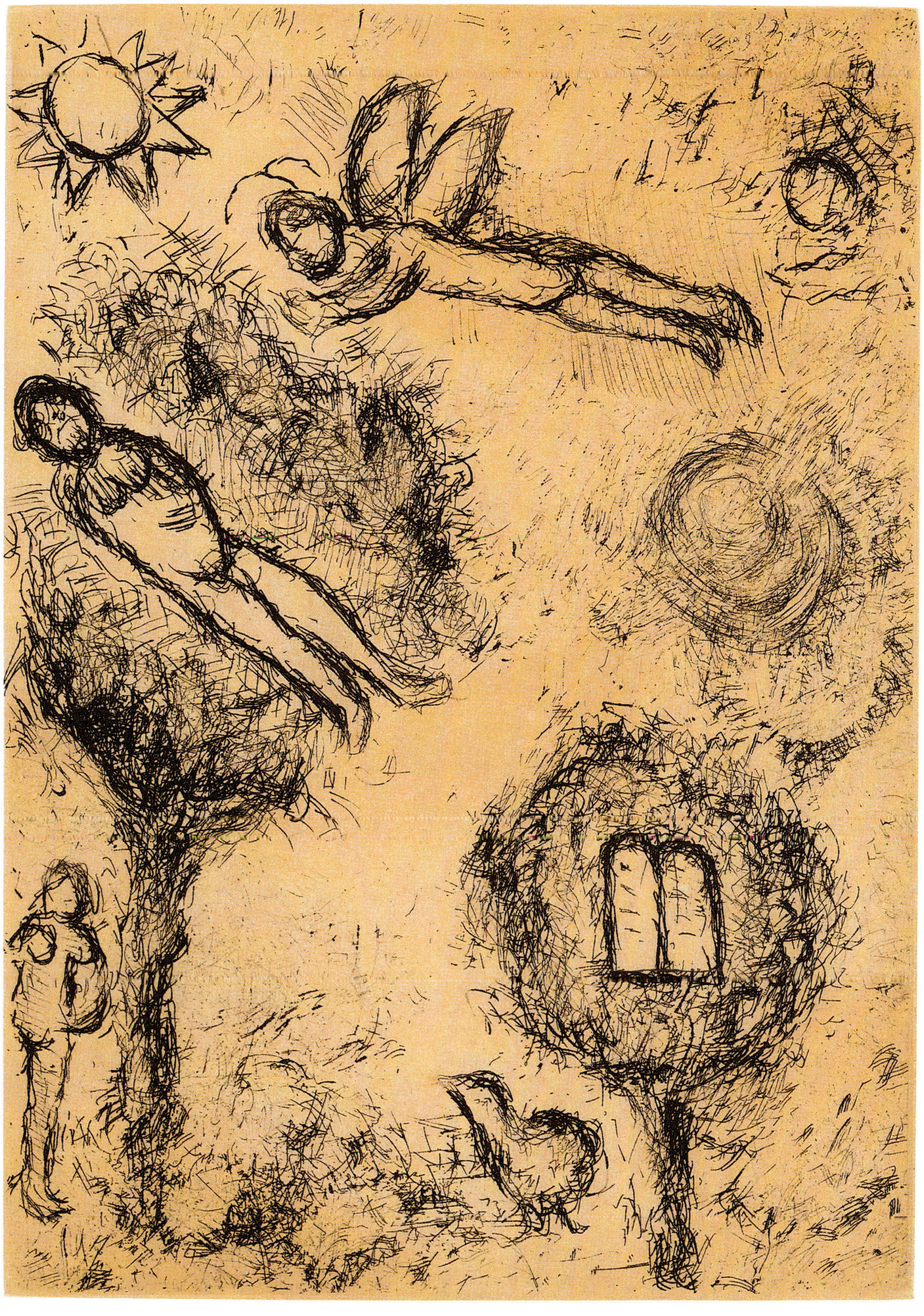

Die Könige der Erde stehen auf,
die Großen haben sich verbündet
gegen den Herrn und seinen Gesalbten.
Doch er, der im Himmel thront, lacht,
der Herr verspottet sie.
Dann aber spricht er zu ihnen im Zorn,
in seinem Grimm wird er sie erschrecken:
»Ich selber habe meinen König eingesetzt
auf Zion, meinem heiligen Berg.«

Psalm 2,2.4–6

GESALBT

Eine Horde von Feinden drängt vom linken Rand her in das Bild.
Auf Pferden reitend, jagen sie, den sie suchen, verfolgen. Lanzen schwingend, setzen sie zum Angriff an.
Ihr Aufstand richtet sich nicht gegen einen irdischen König, wie etwa David, der dies nur zu oft leidvoll erfahren mußte. Er ist nur Symbolfigur. Auch geht es nicht um Krieg gegen das Volk Israel, sondern um mehr: »Die Großen haben sich verbündet gegen den Herrn und seinen Gesalbten«, lateinisch: Christus. Ihr Angriff gilt Gott selbst.
Dieses Unterfangen ist völlig unsinnig, von vornherein zum Scheitern verurteilt. Ihnen fehlt die Einsicht, daß Gott nicht greifbar, deshalb auch nicht angreifbar ist.
Der Herr ist menschlicher Reichweite, jedem Zugriff entzogen. Das hat Marc Chagall in der Bildmitte oben, in den über den Feinden im Himmel, auf einem aufgeschlagenen Buch, der Bibel, ruhenden und zugleich frei schwebenden Tafeln des Bundes verdeutlicht: Zeichen für Gottes Wort und damit für den Herrn selbst, der in den Heiligen Schriften zu uns spricht.
Verstärkt wird dieses gottgegebene Symbol noch durch den Engel am oberen Bildrand und einen anderen rechts aus dem Bild fliegenden, der nur zart angedeutet ist. Ein über den Tafeln der Grafik eingefügter, kleiner Vogel gibt zu erkennen, daß diese Sicht nur dem zuteil wird, der in gläubigem, vogelähnlichem Sichaufschwingen Zugang zu Gott findet.
Ebenso sinnlos ist jedes Sicherheben gegen den Gesalbten, weil Gott mit ihm ist. Der Herr sagt zu ihm: »Ich selber habe meinen König eingesetzt ...« Und der Gesalbte bekennt von sich: »Den Beschluß des Herrn will ich kundtun. Er sprach zu mir: »Mein Sohn bist du. Heute habe ich dich gezeugt« (Ps 2,7).
Nicht irgendwo, sondern »auf Zion, meinem heiligen Berg«, ist der Messias König. So schauen wir den Gesalbten auf der Höhe über Jerusalem, das an der Stadtsilhouette, dem Turm Davids und dem Felsendom, dem Ort, wo einst der Tempel stand, deutlich erkennbar ist. Die innere Größe des Gesalbten, des Messias, Gott-Königs, hat der Künstler in der äußeren Größe, seiner überragenden Gestalt dargestellt.
»Er, der im Himmel thront, lacht«, über den Zwergenaufstand, die Ohnmacht der sich so mächtig wähnenden, verbündeten Großen belustigt. Dies hat der Künstler so naheliegend einfach in der lachenden Sonne mit den ihr eingefügten Bundestafeln zum Ausdruck gebracht.
Aufrecht, frei von Angst, steht der auf Zion eingesetzte König als Einzelner der Vielzahl seiner Feinde gegenüber. Er kann sie in Ruhe erwarten, auf sie zugehen. Den linken Arm streckt er ihnen entgegen, als heiße er sie willkommen. Und die in Licht von oben getauchte Hand weist die Gegner zugleich nach oben auf Gott im Symbol der Tafeln des Bundes hin, der doch auch für sie Licht und Heil sein will.
Der Messias vermag dies, weil die »Rechte Gottes« ihm dazu die Stärke und Liebe schenkt, weil der Herr ihn GESALBT.

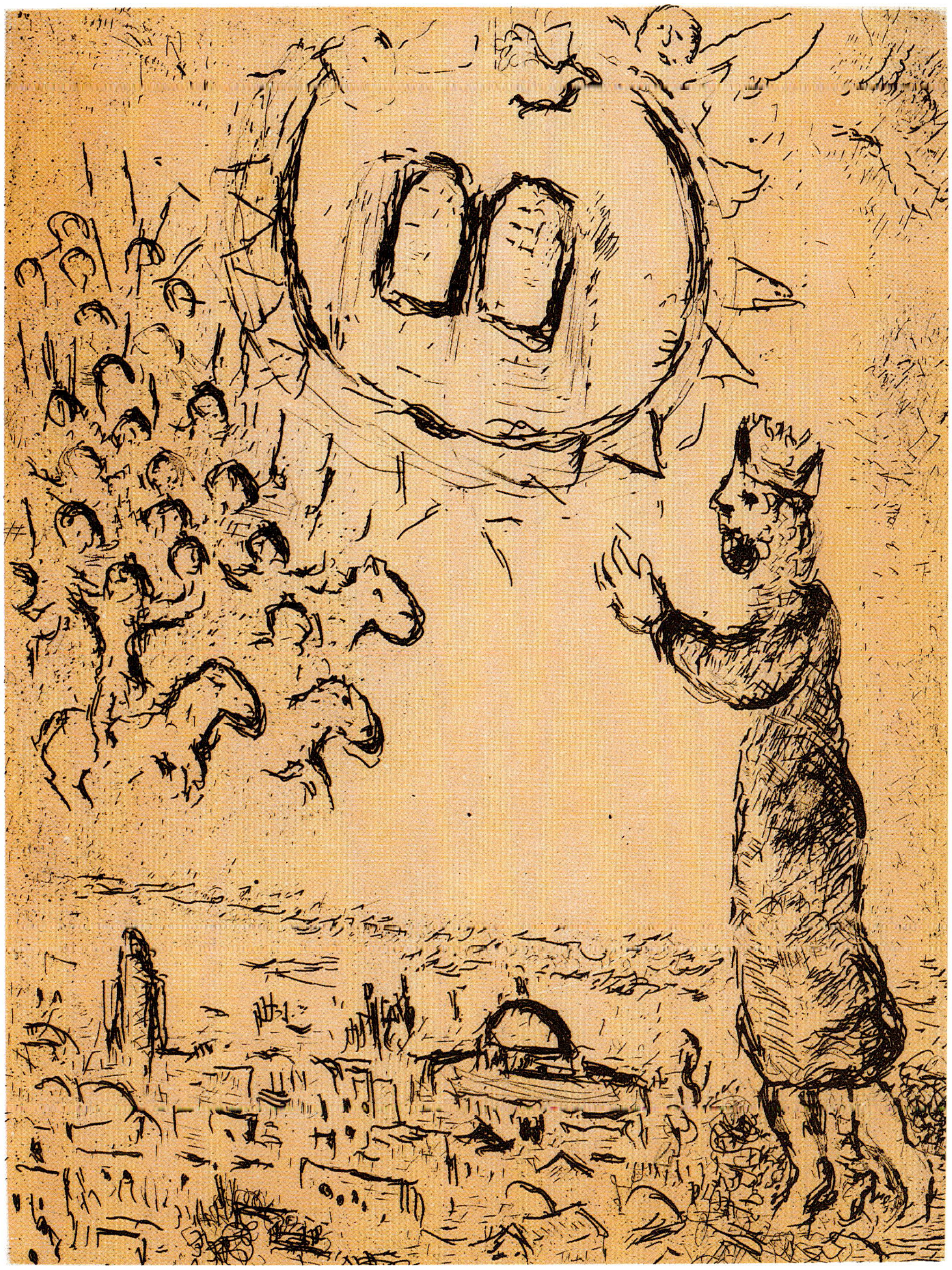

Herr, wie zahlreich sind meine Bedränger;
so viele stehen gegen mich auf.
Du aber, Herr, bist ein Schild für mich,
du bist meine Ehre und richtest mich auf.
Ich lege mich nieder und schlafe ein,
ich wache wieder auf,
denn der Herr beschützt mich.
Viele Tausende von Kriegern fürchte ich nicht,
wenn sie mich ringsum belagern.

Psalm 3,2.4.6–7

BESCHÜTZT

Bedrängnis vor und hinter ihm, selbst aus dem Gestrüpp im Rücken des Bedrängten ist er von einem seiner Bedränger belauert. Gesichter, hochgezogen am linken Bildrand, verraten feindliche Gesinnung. Voll Haß streckt einer seine Hand mit langem Zeigefinger zur Mitte, wo er zu Recht den Grund für Ohnmacht trotz Übermacht vermutet. Von der Gruppe am rechten Bildrand nahen sich einige zum Angriff, andere darunter wenden sich verachtend von ihm ab. Die Situation ist im Bild getroffen: »Herr, wie zahlreich sind meine Bedränger.«

Im Vordergrund sehen wir den Verfolgten. Er ist umwoben von schützendem Licht, das Abstand von seinen Feinden gewährt und hervorhebt. Wohl wissend um die eigene Gefährdung, gilt ihr sein Augenmerk nicht. Sein ernster, doch nicht verängstigter Blick ist uns zugewandt, als wolle er sagen: »Viele Tausende von Kriegern fürchte ich nicht, wenn sie mich ringsum belagern.« Das rechte Knie ist gebeugt. Und dennoch ist dieses Knien ebenso weit ausgreifender Schritt, als durchmesse er ihm verbliebenen Freiraum. Doppelgestalt ist ihm eigen. Eine zweite, nur umrißhaft angedeutet, ist mit der vordergründigen, kraftvoll durchgezeichneten Gestalt verschmolzen. Das zweite Gesicht, strichhaftes Profil, ist nach oben gerichtet. Drei Arme sind ihm gemalt. Der rechte, an der Brust liegend, paßt sich der Bewegung des Laufschritts an. Der linke Arm weist zur Höhe und ist mit der ihm gegebenen zweiten rechten Hand zugleich rechter Arm der Profilgestalt, die beide Arme zum Himmel erhoben hat, um Hilfe von dem zu erflehen und zu empfangen, der allein in dieser Lebenslage zu helfen vermag.

Es ist Tag, sonst würden wir nicht sehen, was geschieht. Es ist aber auch Nacht, sonst wären die zum Bildrand links hin geöffnete Mondsichel und die Sterne rechts oben nicht sichtbar. So finden wir den im Tageslicht kniend-schreitenden Beter rechts unten – sehr klein gemalt – auf dem Boden liegen mit ebenfalls zum Gebet geweiteten Armen. Gott läßt ihn ruhen: »Ich lege mich nieder und schlafe ein, ich wache wieder auf.«

Ein Engel mit weit ausgespannten Flügeln bringt gleichsam die Tafeln des Bundes mit Gottes Wort, um die Nähe dessen anzudeuten, der allein der Herr ist. Ein zweiter Engel eilt hilfreich am linken oberen Bildrand herbei. Und ein dritter Engel rechts am Rand befindet sich im Sturzflug zur Erde auf die Feinde zu.

Der Davidstern, gleich dreifach, verschmolzen mit den Sternen, deutet an, daß es um den bedrängten David auf der Flucht vor seinem Sohn Abschalom geht entsprechend der Überschrift von Psalm 3,1.

Eine Hand in der unteren rechten Bildecke weist auf den Psalmisten hin, in seinem Gottvertrauen uns zum Vorbild.

Die Grafik kündet von Gottes Nähe und schützender Allmacht, die den Betenden bekennen läßt: »Du aber, Herr, bist ein Schild für mich, du bist meine Ehre und richtest mich auf ... Der Herr mich BESCHÜTZT.«

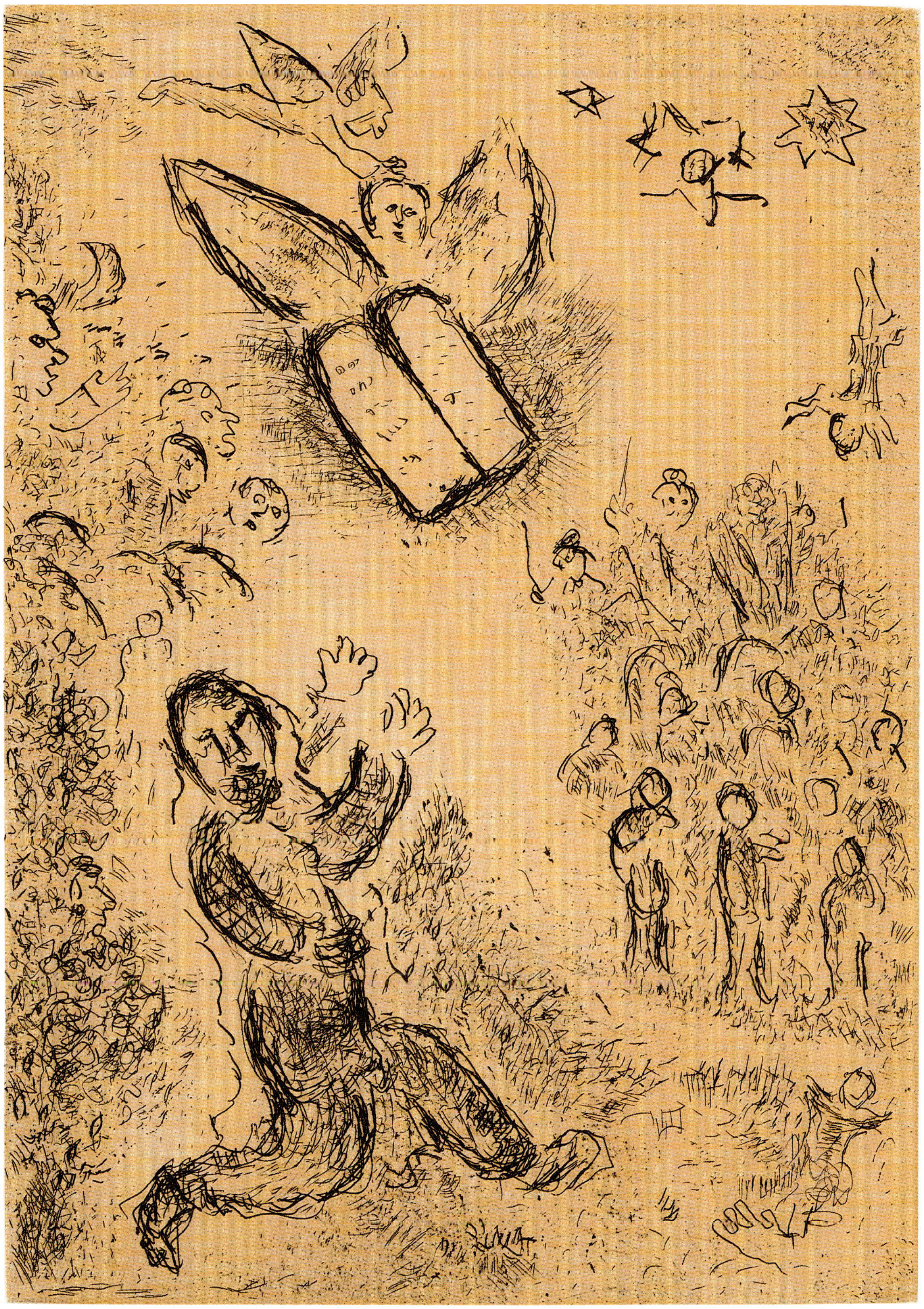

Höre meine Worte, Herr, achte auf mein Seufzen!
Vernimm mein lautes Schreien, mein König und mein Gott,
denn ich flehe zu dir.
Leite mich, Herr, in deiner Gerechtigkeit,
meinen Feinden zum Trotz; ebne deinen Weg vor mir!
Doch alle sollen sich freuen, die auf dich vertrauen,
und sollen immerfort jubeln.
Beschütze alle, die deinen Namen lieben,
damit sie dich rühmen.

Psalm 5,2.3.9.12

ERFREUT

Grund zur Freude besteht eigentlich nicht. Der Feinde gibt es genug. Die oberste Gestalt am linken und rechten Bildrand ist anders, scharfgeschnittener gezeichnet als die übrigen. Sie giften den König an: »Aus ihrem Mund kommt kein wahres Wort, ihr Innerstes ist voll Verderben« (Ps 5,10). Da bleibt nur Gebet: »Höre meine Worte, Herr, achte auf mein Seufzen! Vernimm mein lautes Schreien ..., denn ich flehe zu dir.«
Fast alle Gestalten unterhalb, die den König umgeben, heben ihre Arme zum Himmel, ein Mann in der rechten unteren Bildecke kniend. Das nun ist offensichtlich Ausdruck freudigen Jubels. Doch woher diese Freude?
Wir sehen die alle überragende Gestalt von König David mit der Harfe, dem wir auch diesen Psalm verdanken. Mit ausgestreckten Armen hält er die Lyra so weit von sich, wie man sie nicht spielen kann. Das geschieht zeichenhaft, denn David singt diesen Psalm, den der Künstler in sich schauend betet, für uns malt. Die Harfe ist dabei nur Begleitinstrument. Sein Gesicht ist uns zugewandt und dessen Züge bezeugen Ausgeglichenheit, Ruhe, Zuversicht, Hoffnung, verhaltene Freude. Sein Leib nimmt die Schwingungen der Melodie des Saiteninstrumentes auf und gibt sie an dieses zurück. Sein Blick geht über die Menschen um ihn hinaus zu dem, dem er zuruft: »Mein König und mein Gott!«
Es ist ein Lied, wie die den Bildgrund mitstrukturierenden Noten kundtun, aber ein besonderes, ein geistliches Lied. Die Harfe und mit ihr der Psalm werden entsprechend der Gestik, wie er die Harfe hält, dem Herrn dargeboten, zusätzlich betont in dem über ihm schwebenden Engel.
Es geht nicht um ein aus traurigem Herzen kommendes Klagelied. Der Traurige läßt die Arme hängen, der Frohgestimmte wirft sie in die Luft. Es ist ein frohes Loblied, das die Menschen im Rund erfaßt, auf sie überspringt: beglückendes Gotteslob. Und das will der königliche Psalmensänger auch bewirken: »Doch alle sollen sich freuen, die auf dich vertrauen, und sollen immerfort jubeln«, und das am Tag wie im Bild, zugleich aber auch in der Nacht, wie in Mondsichel und Stern – zugleich als Hexagramm Zeichen für David – links oben deutlich wird.
Auch die Bitte: »Beschütze alle, die deinen Namen lieben, damit sie dich rühmen« ist schaubar in dem behütenden, schützenden Engel mit zum Umarmen geweiteten Armen und einem kleinen Schofar, dem Zeichen für Schalom. Friede geht von dem Engel aus, der allen Geborgenheit schenkt, über denen er schwebend verweilt, »denn, du, Herr, segnest den Gerechten. Wie mit einem Schild deckst du ihn mit deiner Gnade« (Ps 5,13).
Freude trotz und inmitten von Bedrängnis kann nicht feindlicher Umgebung entstammen. Dennoch ist sie möglich als Geschenk des Weltenkönigs und Herrn, der ERFREUT.

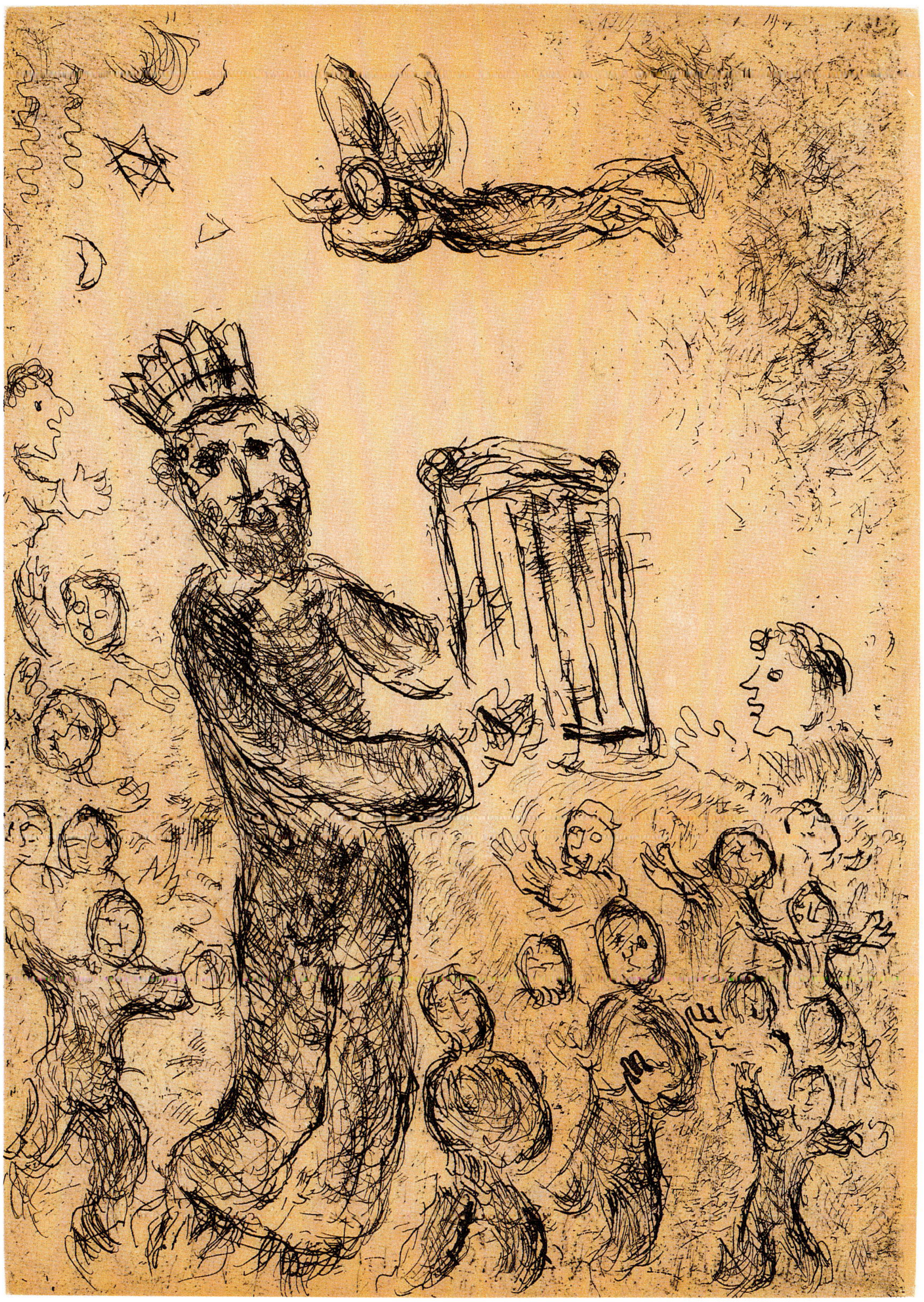

Für den Chormeister. Mit Saitenspiel nach der Achten.
Ein Psalm Davids.
Herr, wende dich mir zu und errette mich,
in deiner Huld bring mir Hilfe!
Denn bei den Toten denkt niemand mehr an dich.
Wer wird dich in der Unterwelt noch preisen?
Ich bin erschöpft vom Seufzen,
jede Nacht benetzen Ströme von Tränen mein Bett,
ich überschwemme mein Lager mit Tränen.
Gehört hat der Herr mein Flehen, der Herr nimmt mein Beten an.

Psalm 6,1.5–7.10

ENTSCHNÜRT

Der König, ganz unten, in seelischem Tief, mit dem Rücken an den linken Bildrand gedrückt, kann er nicht weiter zurück. Vor sich sieht er den Tod, steht er am Rand des Grabes. Sein Gesicht wirkt erschöpft, von Leid verhärmt, sein Auge leer, vom Weinen getrübt. Die Arme sind erhoben im Gebet, denn nur von oben, von Gott her, kann noch Rettung, Hilfe kommen in auswegloser Situation, bedingt durch eigene Schuld, schwere Krankheit, gehässige Feinde.

Vor ihm, freischwebend, das Buch der Psalmen, denn in ihm steht geschrieben, was geschehen ist, im Innern des Königs vorgeht, aus ihm herausbricht, sich im Gebet artikuliert. Freischwebend, weil im Gebet Erdenschwere überwunden wird, abfällt, der Mensch die eigene Situation, selbst Todesangst auf das Darüber hin übersteigt.

Darum geht es, denn dem König zur Rechten schauen wir die Nacht des Todes, die sich wie ein schwarzer Schleier, Trauerflor über die Unterwelt breitet, die ihre Toten noch durchschimmern läßt. Angesichts des Todes betet der Psalmist: »Bei den Toten denkt niemand mehr an dich. Wer wird dich in der Unterwelt noch preisen?«

Psalm 6 beginnt mit dem für weiteres Verständnis des Bildes nicht unwichtigen Hinweis: »Für den Chormeister. Mit Saitenspiel nach der Achten. Ein Psalm Davids«. Entsprechend ist die obere Bildhälfte gestaltet. Deutlich abgehoben von der Unterwelt und darüber, wenn auch nicht hell, so doch lichter: die Welt.

Den Bildgrund bieten stellenweise Notenzeilen, sogar vereinzelt mit Noten beschriftet. Musikanten mit Saiteninstrumenten unserer Tage, wie Violine, Bratsche, Cello haben sich zusammengefunden, offensichtlich zur Begleitung des Psalms, vertonten Gebetes. Der Künstler hat dem doppelgesichtigen Cellisten Flügel angedeutet, rechts stärker ausgeprägt, links in Notenschrift übergehend.

Es geht um Psalmodie, gottesdienstliche Weisen, im Bild zusätzlich gestützt durch das schwebende Buch, den zum Singen aufgerichteten Körper des Königs, seine zum Gebet erhobenen Arme und die Blickrichtung des Königs. Er sieht den Tod vor sich, aber sein Blick ist nicht darauf fixiert. Erhobenen Hauptes geht sein Blick darüber hinaus zu dem, dem die Worte von Vers 5 in der Übersetzung von Martin Buber gelten: »Kehre wieder, du, entschnüre meine Seele, befreie mich deiner Huld zuwillen.«

Hier ist von der Musica Sacra im Bild ausgesagt, was sie im Menschen bewirkt, der oft, besonders im Leid, in sich verkrampft, eingeengt, innerlich unfrei, wie gefesselt ist. Musik »entschnürt«, schafft Raum, befreit – im geistlichen Lied besonders auf Gott hin.

Dieser Bitte entspricht Gott. Zuversicht, Hoffnung keimen auf. In der Psalmodie gewinnt der im Tief befindliche Psalmist wieder Boden. Sein Kopf ragt in die lichtere Sphäre des Bildes hinein. In dem von Musikinstrumenten begleiteten Flehruf findet er sich wieder, erfährt er: Gott hat sein Flehen gehört, angenommen, ihn ENTSCHNÜRT.

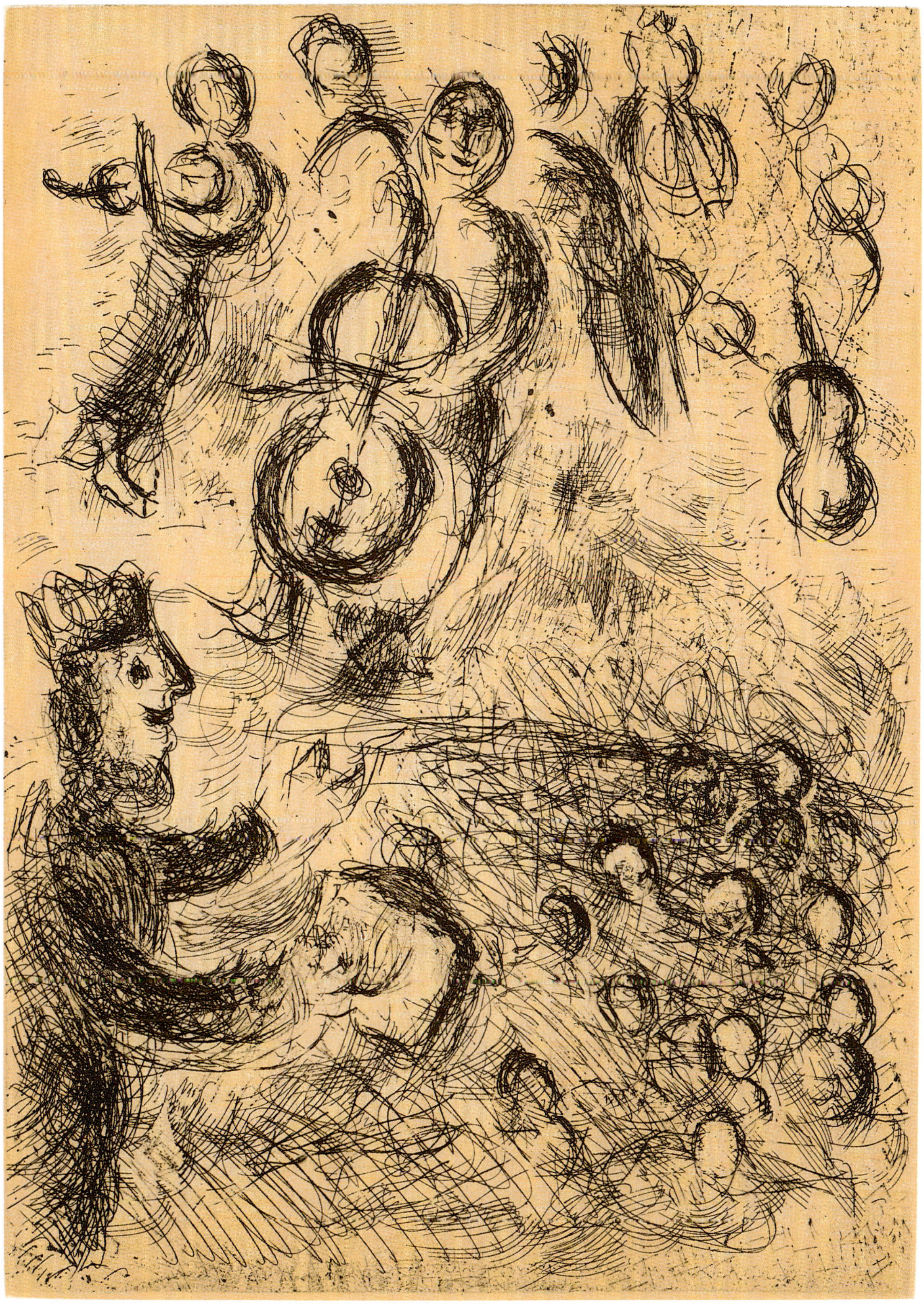

Herr, mein Gott, ich flüchte mich zu dir;
hilf mir vor allen Verfolgern und rette mich,
damit mir niemand wie ein Löwe das Leben raubt,
mich zerreißt, und keiner ist da, der mich rettet.
Herr, steh auf in deinem Zorn,
erheb dich gegen meine wütenden Feinde!
Wach auf, du mein Gott! Du hast zum Gericht gerufen.
Der Herr richtet die Völker.

Psalm 7,2.3.7

GERETTET

Immer wieder begegnen wir in unserer Welt Gewalttat, Verfolgung und Krieg. Haßerfüllte, zu allem Bösen entschlossene Feinde, zahlenmäßig weit überlegen, haben sich gegen einen einzigen, unschuldigen, alleingelassenen Menschen verschworen, ihn umzingelt. Wir sehen ihn in schlichtem Gewand, unbewaffnet, preisgegeben, hilflos gegenüber den vielen, die vom rechten wie vom linken Bildrand her auf ihn einstürmen.

Wir wissen um die Entstehung von Psalm 7: »Ein Klagelied Davids, das er dem Herrn sang wegen des Benjaminiters Kusch« und seiner Anhänger. David klagt: »Keiner ist da, der mich rettet.« Auf Hilfe von Menschen kann er nicht rechnen. Alle sind gegen ihn.

So ist, menschlich gesehen, seine Situation aussichtslos, aber ausweglos ist sie deshalb noch nicht. Eine halbkreisförmige, schmale Lichtschneise, ausgehend von der oberen und unteren linken Bildecke, trifft sich in der Mitte, unmittelbar vor dem Betenden. Ist David auch eingekesselt ohne Möglichkeit auszubrechen, zu entfliehen, so muß er es auch nicht, weil ein anderer Weg bleibt. Ihm kann im Kessel Rettung werden inmitten seiner Verfolger, wenn er sich vertrauensvoll an den wendet, zu dem er ruft: »Herr, mein Gott, ich flüchte mich zu dir.« Weil es um flehentliches Gebet geht, deshalb hat der Künstler ihn fast mehr kniend als stehend gemalt. Und seine Bitte ist: »Hilf mir vor allen Verfolgern und rette mich ... Herr steh auf in deinem Zorn, erheb dich gegen meine wütenden Feinde.«

Engel Gottes sind bereits – einer von links oben zu ihm eilend, ein zweiter von links unten aufsteigend – in der Lichtschneise unterwegs, um zu helfen. Sie schieben sich zwischen die Feinde, trennen die Fronten zur Rechten und Linken, schaffen dem Verfolgten den zum Überleben nötigen Freiraum, gewährleisten seine Unantastbarkeit. Auch die Gestalt in der Bildecke rechts oben dürfte ein angedeuteter, steil zur Erde herabfliegender Engel sein, und daneben ein im Aufwind befindlicher weiterer.

David fleht in Todesangst: »damit mir niemand wie ein Löwe das Leben raubt, mich zerreißt«. Wir sehen den Löwen in der Bildmitte. Aber was für einen Löwen! Keiner, der es darauf angelegt hat, »Leben zu rauben, zu zerreißen«. Von Wildheit, Raubgier, Mordlust keine Spur! Es ist ein vom Herrn verwandelter Löwe, der sich ganz zahm und friedfertig, abhold jeder Angriffslust gebärdet.

David und der Löwe schauen sich in die Augen, geben sich die Hand. Sich begrüßend, miteinander sprechend, gut vertragend, stehen die beiden einander gegenüber. Der Löwe ist aufgerichtet wie ein Mensch: ein ungleiches, aber dennoch miteinander freundschaftlich verbundenes Paar.

Es trifft somit nicht ein, was David von einem beutegierigen Löwen befürchtet. Der Löwe zerreißt ihn nicht, sondern das Gegenteil geschieht. Gemeinsam mit den Engeln und der Lichtschneise wird der Löwe dem erstaunt dreinschauenden David zum Garanten des Lebens. Der Herr hat das Gebet erhört. David wird GERETTET.

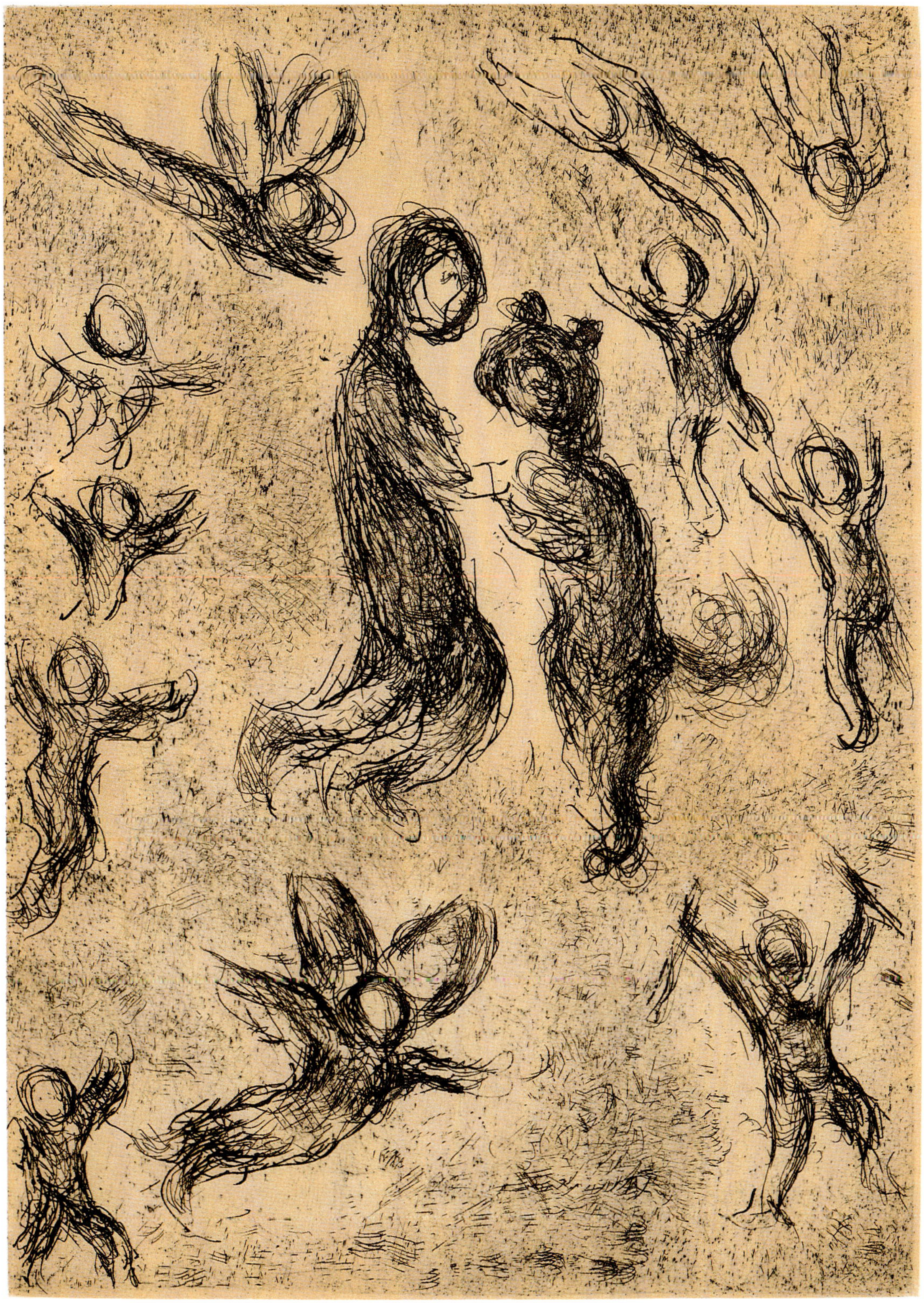

Beim Herrn finde ich Zuflucht. Wie könnt ihr mir sagen:
»In die Berge flieh wie ein Vogel«?
Schon spannen die Frevler den Bogen,
sie legen den Pfeil auf die Sehne, um aus dem Dunkel zu treffen
die Menschen mit redlichem Herzen.
Der Herr weilt in seinem heiligen Tempel,
der Thron des Herrn ist im Himmel.
Seine Augen schauen herab, seine Blicke prüfen die Menschen.

Psalm 11,1.2.4

ANGESCHAUT

Der in der linken unteren Bildecke kniende, mit erhobenen Armen Betende schaut seinem Gegenüber, dem ihn bedrohenden Feind ruhig und gefaßt ins Auge. Dabei besteht allerhöchste Gefahr: »Schon spannen die Frevler den Bogen, sie legen den Pfeil auf die Sehne.« Heimtückisch morden sie aus dem »Dunkel« des Hinterhalts heraus. Zwischen dem Heckenschützen und seinem Opfer ist Strauchwerk gemalt.

Weit größeres Dunkel herrscht aber im Innern der Frevler. Deshalb ist das Gesicht des Todesschützen ins Dunkel getaucht. Da der Anschlag »Menschen mit redlichem Herzen« gilt, erstrahlt das Gesicht des Betenden im Licht.

Das Unbekümmertsein des Unschuldigen angesichts gegebener äußerster Bedrohung ist den treubesorgten Freunden, die ihm im Rücken am linken Bildrand stehen, unverständlich. Sie raten zu schleunigster Flucht, sich in den Bergen zu verstecken, um dem Tod zu entgehen. Doch der so Gefährdete läßt sie mit ihren wohlgemeinten Ratschlägen hinter sich, außer acht. Er ist sogar darüber noch verwundert, betrachtet ihre Fürsorglichkeit als unnötig. »Wie könnt ihr mir sagen: In die Berge flieh wie ein Vogel«?

Er wird nicht in die Berge fliehen, die über ihm in der Grafik angedeutet sind. Wohl aber wird er es dem Vogel gleichtun: auffliegend fliehen, hoch über die Berge hinaus. Wir sehen den Vogel in der Höhe im Bild. Auffallend groß, in tiefem Schwarz gezeichnet, läßt er etwas erahnen von der Intensität der Glaubensstärke, des Vertrauens des Betenden.

Wem gehört sein Vertrauen? Vom Bildrand ganz oben sieht ein ernst, doch gütig dreinschauendes Gesicht herab, das alles überschaut und zugleich prüfend durchschaut. Es ist ein Zeichen für den, zu dem der Betende, dem Vogel ähnlich, sich aufschwingt: »Beim Herrn finde ich Zuflucht.«

Weil es im Psalm und entsprechend in dem dazu geschaffenen Bild um das Schauen des allwissenden Gottes geht, finden wir zusätzlich über dem Hügel ein für sich allein stehendes Auge, überwölbt von dichten Augenbrauen, das losgelöst die Bedeutsamkeit der schauenden Augen im Gesicht oben verstärkt.

»Der Herr weilt in seinem heiligen Tempel«, in Jerusalem, der Stadt Davids. So ist der Davidstern sowohl dem Gesicht rechts davon wie dem isoliert gemalten Auge darunter zugeordnet. »Der Thron des Herrn ist im Himmel«, das zeichnet sich in dem an den oberen Bildrand grenzenden Gesicht ab.

Der Psalmist vertraut auf ihn, der alles schaut und nicht untätig zuschaut. In ihm sind Schauen und Wirken zur Einheit verbunden, auch wenn der allschauende Gott zuweilen lange zuschauen kann.

Im Bild wird Gottes Schauen wirksam. Des Bogenschützen Blick ist verfinstert. Sein Pfeil muß ins Leere gehen, denn Pfeil und Bogen zielen nicht auf den Betenden. Der ihm zugedachte Schuß geht über ihn hinaus.

Das von Gott Geschaut-, liebend Angeschaut-, Durchschautwerden, sein Wandel vor Gottes Angesicht, nimmt dem Betenden jegliche Angst. Er verbleibt im Flachland unterhalb der Berge, er kann sich sogar – wie am unteren Bildrand ersichtlich – sorglos und geruhsam niederlegen, weil von Gott ANGESCHAUT.

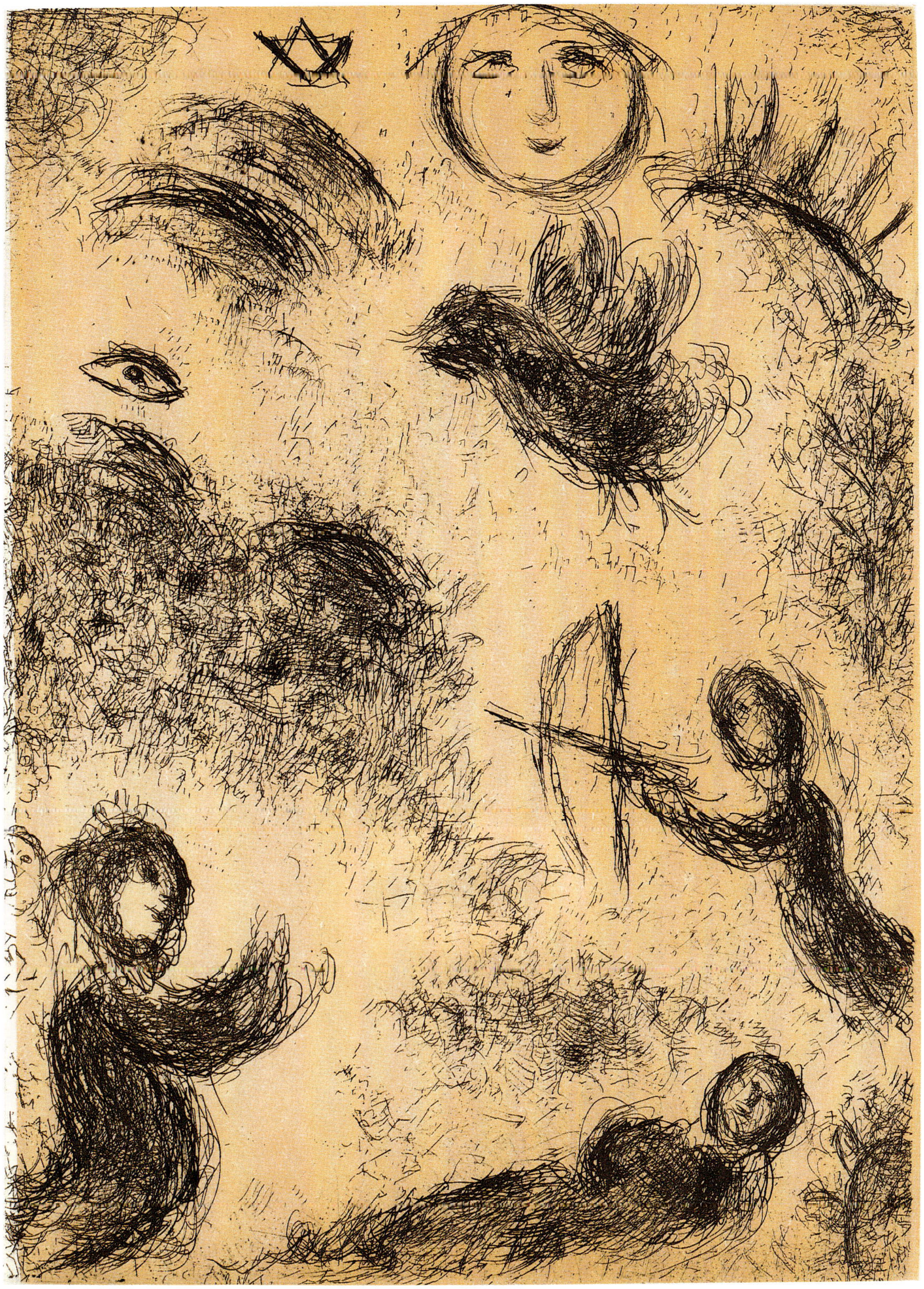

Wie lange noch, Herr, vergißt du mich ganz?
Wie lange noch verbirgst du dein Gesicht vor mir?
Blick doch her, erhöre mich, Herr, mein Gott,
erleuchte meine Augen, damit ich nicht entschlafe und sterbe.
Ich aber baue auf deine Huld,
mein Herz soll über deine Hilfe frohlocken.
Singen will ich dem Herrn, weil er mir Gutes getan hat.

Psalm 13,2.4.6

UNVERGESSEN

Der König mit der Harfe kommt sich so klein vor. Abgeschoben an den Bildrand rechts, steht er im Abseits, sinnt voll Wehmut vor sich hin. Sein Selbstbewußtsein ist angeschlagen. Freude und Lebensmut sind ihm genommen. So kann zunächst nur Klage Thema seines Liedes (Noten im Bildgrund) sein, beginnend mit der bangen Frage nach der Zeit: »Wie lange noch?«

So finden wir im Bild das Symbol der Zeitlichkeit, den Mond, diente doch der Bibel das Mondjahr als Zeitmaß. Aber der Mond links oben ist weit entfernt vom König. Der Blick auf ihn ist ihm verstellt. Abgewandt von ihm steht die Mondsichel am Himmel. Zeiten äußeren und inneren Schmerzes können so quälend lange werden.

»Wie lange noch?« Auslösend sind, wie so oft, die Feinde. In der Bildecke rechts unten halten sie sich bedeckt. Unerkannt wollen sie bleiben, deshalb gesichtslos gemalt. Doch sind sie nicht der tiefste Grund des Kummers. Ist schon ständiges Bedrohtsein schwer zu ertragen, so wird dem König vollends zur Qual, daß der sich abgewandt zu haben scheint, der allein Halt zu geben vermag, den er jedoch nicht sehen kann und auch nicht spürt. Ihm muß der Künstler, will er ihn malen, Sichtbarkeit verleihen.

Dies geschieht in jener das Bild beherrschenden, seltsamen Gestalt. Einem Menschen zwar ähnlich, trägt sie dennoch keine menschlichen Gesichtszüge, weil es nicht um einen Menschen geht, dem die Klage des Psalmisten gilt: »Wie lange noch, Herr, vergißt du mich ganz?« Es ist der Kopf eines treuherzig dreinschauenden Pferdes, wegschauend vom König: »Wie lange noch verbirgst du dein Gesicht vor mir?« Diese Traumgestalt muß der Herr sein, das weist jener der Menora ähnliche Leuchter in seiner Hand aus.

Doch wie die Gestalt von dem Bekümmerten abgewandt ist, so auch dieser Leuchter. Sie drückt den Leuchter fest an sich, so daß kein Schein nach hinten dringt, und zusätzlich wird das Licht durch die linke Hand noch abgeschirmt. Das alles steigert das Empfinden des Vergessenseins, sogar von Gott. Wie verständlich ist da die flehentliche Bitte: »Blick doch her, erhöre mich, Herr, mein Gott, erleuchte meine Augen.«

Dem Tierkopf ist so gütig-ernster Gesichtsausdruck, daß es nur um vermeintliches, nicht wirkliches Vergessen gehen kann. So signalisieren denn auch Bildelemente Zuwendung in Abwendung.

Ein Vogel auf dem Tierkopf, mit ihm verschmolzen, ist dem König zugewandt. Der Vogel ist eben nicht nur befähigt, sich in die Höhe zu schwingen, sondern ebenso, sich auf die Erde herabzusenken. So kann er auch zum Symbol geistiger, hier gottgeschenkter Zuwendung werden. Und die Violine, dem Schnabel zugesellt, deutet zur geistigen hinzu noch emotionale Zuwendung an. Die Gabe göttlicher, barmherziger Zuwendung ist so ins Bild gebracht.

Schließlich ist die Mondsichel dem Betenden auch nicht nur abgewandt, sondern in der Abwendung zunehmender Mond. Dem Leid wird ein Ende werden.

So kann sich die Klage: »Wie lange noch?« verbinden mit Lobgesang: »Ich aber baue auf deine Huld, mein Herz soll über deine Hilfe frohlocken.« Auch bei vermeintlicher Abwendung ist Gottes Zuwendung gegeben. Der Betende ist UNVERGESSEN.

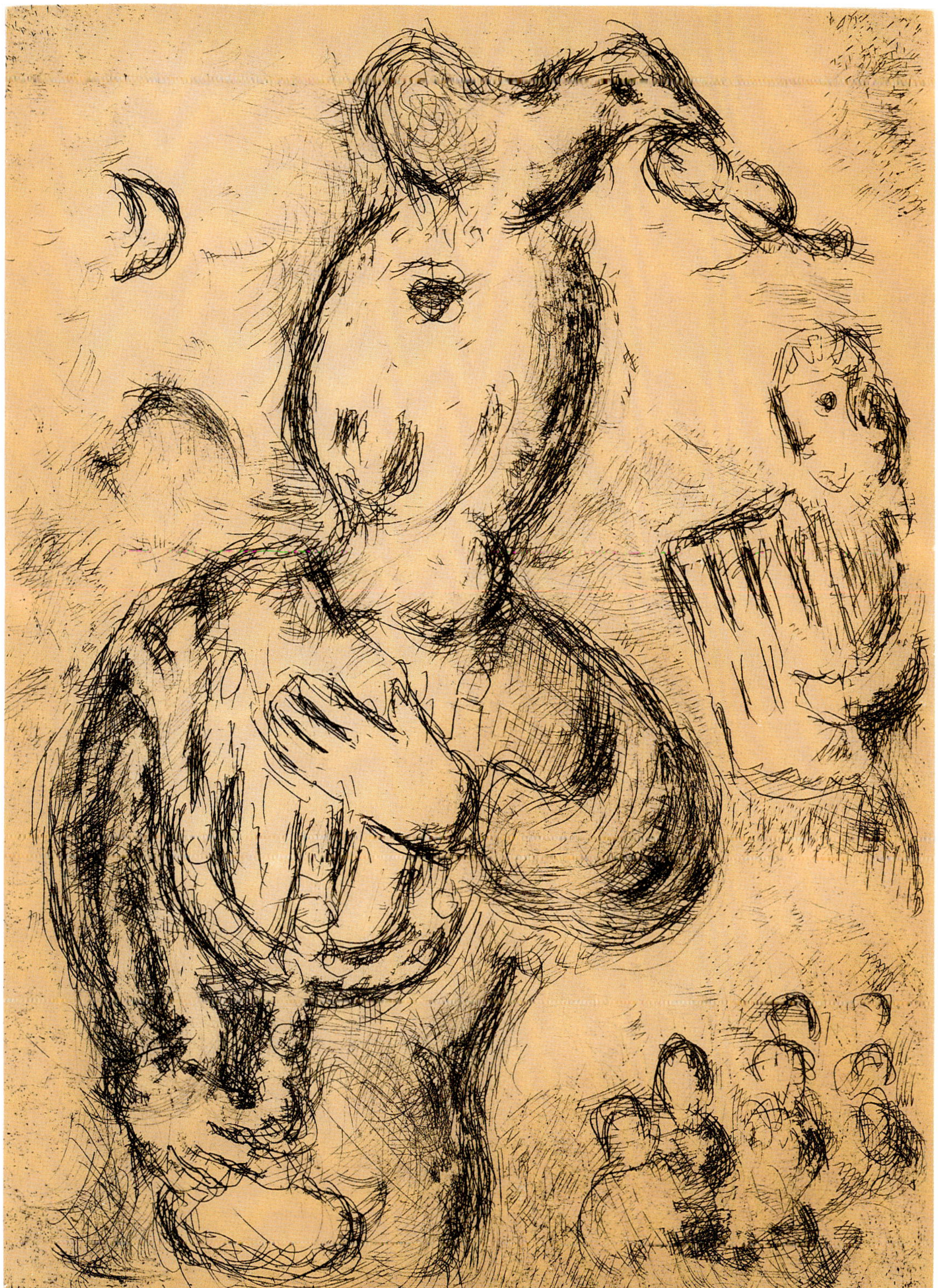

Ich will dich rühmen, Herr, meine Stärke,
Herr, du mein Fels, meine Burg, mein Retter,
mein Gott, meine Feste, in der ich mich berge,
mein Schild und sicheres Heil, meine Zuflucht.
Ich rufe: Der Herr sei gepriesen!,
und ich werde vor meinen Feinden gerettet.
Darum will ich dir danken, Herr, vor den Völkern,
ich will deinem Namen singen und spielen.

Psalm 18,2–4.50

GEBORGEN

Aufrecht, mit erhobenen Armen, ein Blasinstrument zum Mund geführt, steht David, »der Knecht des Herrn«, im Bild, in Blickkontakt mit seinem Gegenüber, einer seltsam verdrehten Gestalt mit Vogelkopf, die, eine Flöte im Rücken haltend, zeichenhaft zum Bildverständnis führen will. Dem auffliegenden Vogel ähnlich, geht es um geistigen Höhenflug. Geistiges ist hier verleiblicht, Innerlichem Ausdruck verliehen, Hörbares sichtbar gemacht, auch in dem Schnabel, wenn wir an Singvögel denken. Ebenso ist die Flöte Zeichen für Musik, sogar für Gesang, denn Chagall führt das Widderhorn nur zu Davids Mund hin, nicht in ihn hinein. Es ist ein beseeltes, geistliches Lied, wie der kleine Fisch – weil im Wasser unsichtbar Symbol für die Seele – in der linken oberen Bildecke erkennen läßt.

Wem gilt das Lied? In der Bildmitte, zwischen David und seinem Gegenüber, ist dargestellt, worum sich alles dreht: um die Torarolle mit Davidstern, schwebend, von ausgespannten Flügeln getragen. Die Tora birgt Gottes Wort, weist hin auf den, der in ihr spricht, David so nahe ist, auf Gott. Die beflügelte Tora schwebt. Gottes Wort kennt keine Erdenschwere. In den Davidstern ist eine Mondsichel – Zeichen für Empfänglichkeit – verwoben. Gottes Wort will empfangen sein.

»Herr, meine Stärke« – Gott hat ihn stark gemacht, schaubar in Davids Gestalt. Mit in die Kupferplatte tief eingegrabenen Linien, die in der Radierung tiefschwarz erscheinen, wird der Eindruck mannhafter, in sich gefestigter Persönlichkeit erweckt, verstärkt noch durch die Größe der Gestalt.

»Du mein Fels, meine Burg, mein Retter« – Lassen sich »Fels« und »Burg« im Bild der Tora darstellen? – Gott ist der ganz Andere. Der in der Tora spricht, ist stärker als alle »Festungen« der Welt.

Zwei entmachtete Feinde sind zu sehen: Eine mehr als Frau denn als Mann gezeichnete Gestalt, im Rücken von David, ist ohne Arme machtlos. Der König hat die Feinde hinter sich gelassen. Ein Gesicht, von David abgewandt, erblicken wir am rechten oberen Bildrand. Das aufgerissene Auge, der ausgestreckte rechte Arm lassen einen Flüchtenden vermuten.

»Mein Gott, meine Feste, in der ich mich berge« – Mehr als das Kind in der Mutter, findet David Geborgenheit in Gott. Zur Veranschaulichung ist dem Leib von David ein Kind eingezeichnet, das Gewand durchschimmernd. Daß David Geborgenheit von Gott zukommt, ist uns in dem nach oben deutenden, vom Flügel der Tora berührten Kind kundgetan.

»Der Herr sei gepriesen!« – Dieser Ruf klingt auf in dem mehr schwebenden als auf rechter Hand am linken Arm aufliegenden Widderhorn, Schofar – Symbol für Gottes Heil, Schalom. Die rechte Hand am linken Arm weist auf die »Rechte Gottes« hin (vgl. Ex 15,6). Die erhobenen Arme sind Gestus für Gebet.

Gott danken, singen, spielen springt über. So sehen wir unterhalb der Tora tanzend eine Frau und sitzend einen Mann, beide mit zu Lobpreis erhobenen Händen. Ein Geiger ist in sein Saitenspiel so sehr vertieft, daß der Künstler ihm zur Verstärkung zwei Gesichter ineinander gemalt hat. Eine Frau in der rechten unteren Ecke ruft mit ihrem Tamburin zum Freudentanz. Und zwischen Schofar und Vogelkopf schwebt, Flöte spielend, ein Mann ins Bild.

Gott Lobende, Tanzende, Musizierende umspielen mit David und seinem Gegenüber die Tora, sich Gott nahe wissend: GEBORGEN

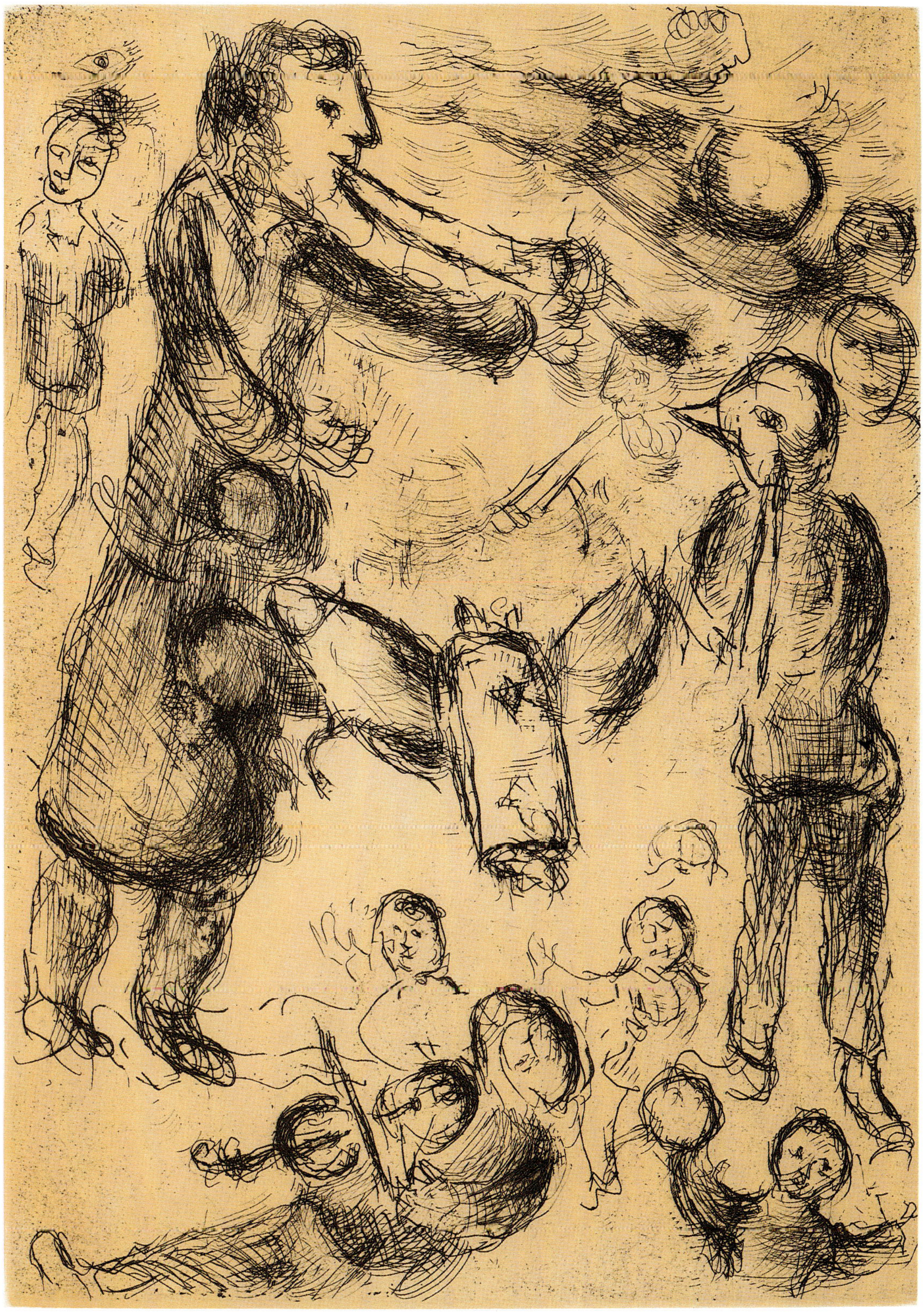

Du bist es, der mich aus dem Schoß meiner Mutter zog,
mich barg an der Brust meiner Mutter.
Von Geburt an bin ich geworfen auf dich,
vom Mutterleib an bist du mein Gott.
Sei mir nicht fern, denn die Not ist nahe,
und niemand ist da, der hilft.
Ich will deinen Namen meinen Brüdern verkünden,
inmitten der Gemeinde dich preisen.
Die ihr den Herrn fürchtet, preist ihn!
Denn er hat nicht verachtet,
nicht verabscheut das Elend des Armen.

Psalm 22,10–12.23–25

GEWORFEN

In der Grafik treten hervor: der König, die Mutter mit ihrem Kind und über beiden und allen schwebend, der Engel.

Der König betet. Das zeigen die ausgestreckten, erhobenen, nach oben geöffneten Hände. Auch sein Blick läßt dies erkennen. Er schaut nicht zur Mutter hinüber, sondern zum Engel empor. Der König betet bewegten Herzens, und sein ganzer Leib betet mit: auf der Fußspitze stehend, zur Höhe strebend, an Erdenschwere verlierend, hingezogen zu Gott.

In Gegenbewegung zu dem betenden König die Mutter mit dem Kind. Es geht um dankbares Gedenken an die eigene Mutter, tiefer noch um Dank an Gott für das Große, das er an der Mutter, in ihr und durch sie gewirkt hat.

Der Betende besitzt den Blick für Gottes geheimnisvolles Tun in Gebären und Geburt. Auf die Frage: »Was ist Mystik?« hatte Chagall einmal geantwortet: »Auch die Geburt eines Kindes ist Mystik.« Geht es doch, zwar nicht allein, aber entscheidend, um Gottes Wirken: »Du bist es, der mich aus dem Schoß meiner Mutter zog, mich barg an der Brust der Mutter.« Deshalb folgerichtig das Bekenntnis: »Von Geburt an bin ich geworfen auf dich, vom Mutterleib an bist du mein Gott.«

Sein »Auf-Gott-Geworfensein« erspart David nicht Feindseligkeiten. Der Feinde sind viele. Hinterhältig lauert einer im Rücken des Königs am linken Bildrand. In Kopfhöhe eine Hand, die nach der Krone greift, und darüber ein mißgünstig dreinschauendes Gesicht. Und ebenso am rechten Bildrand: zwei mit drohenden Gebärden und zuunterst einer versteckt, nur an Bein und Fuß erkennbar. Bis hinter die Mutter hat sich ein Widersacher vorgewagt.

Diese Bedrängnis ringsum weckt denn auch das Gefühl der Gottverlassenheit, das den Betenden zu Beginn des Psalms jene Worte sprechen läßt, deren sich Jesus sterbend am Kreuz bediente: »Mein Gott, mein Gott, warum hast du mich verlassen?« (Ps 22,2). So verbindet sich mit dankbarem Gottbekenntnis die Bitte: »Sei mir nicht fern, denn die Not ist nahe, und niemand ist da, der hilft.«

David will sich dankbar zeigen, Gottes Hilfe nicht für sich behalten: »Ich will deinen Namen meinen Brüdern verkünden, inmitten der Gemeinde dich preisen.«

Sein Lobpreis steckt an. Über das Bild verteilt, sehen wir Menschen, jubelnd mit zum Himmel erhobenen Händen: Gottesfürchtige von »Jakobs Stamm, Nachkommen Israels«, wie der durch Verdoppelung verstärkte Davidstern am rechten oberen Bildrand erkennen läßt.

Gottbekenntnis, Dankbarkeit, Hilfeschrei, Zeugnis und Lobpreis bleiben nicht ohne Antwort, das Elend des Armen nicht unbeachtet. Das Gefühl der Gottesferne trügt. Gott ist in dem Engel nahe, der voll Liebe mit zum Umarmen geöffneten Händen dem König zuschwebt, beruhigend, behütend das Bild überlagert. Die Sonne links oben geht nicht unter. In geschenkter Nähe und Hilfe erfährt der Betende sich auf Gott GEWORFEN.

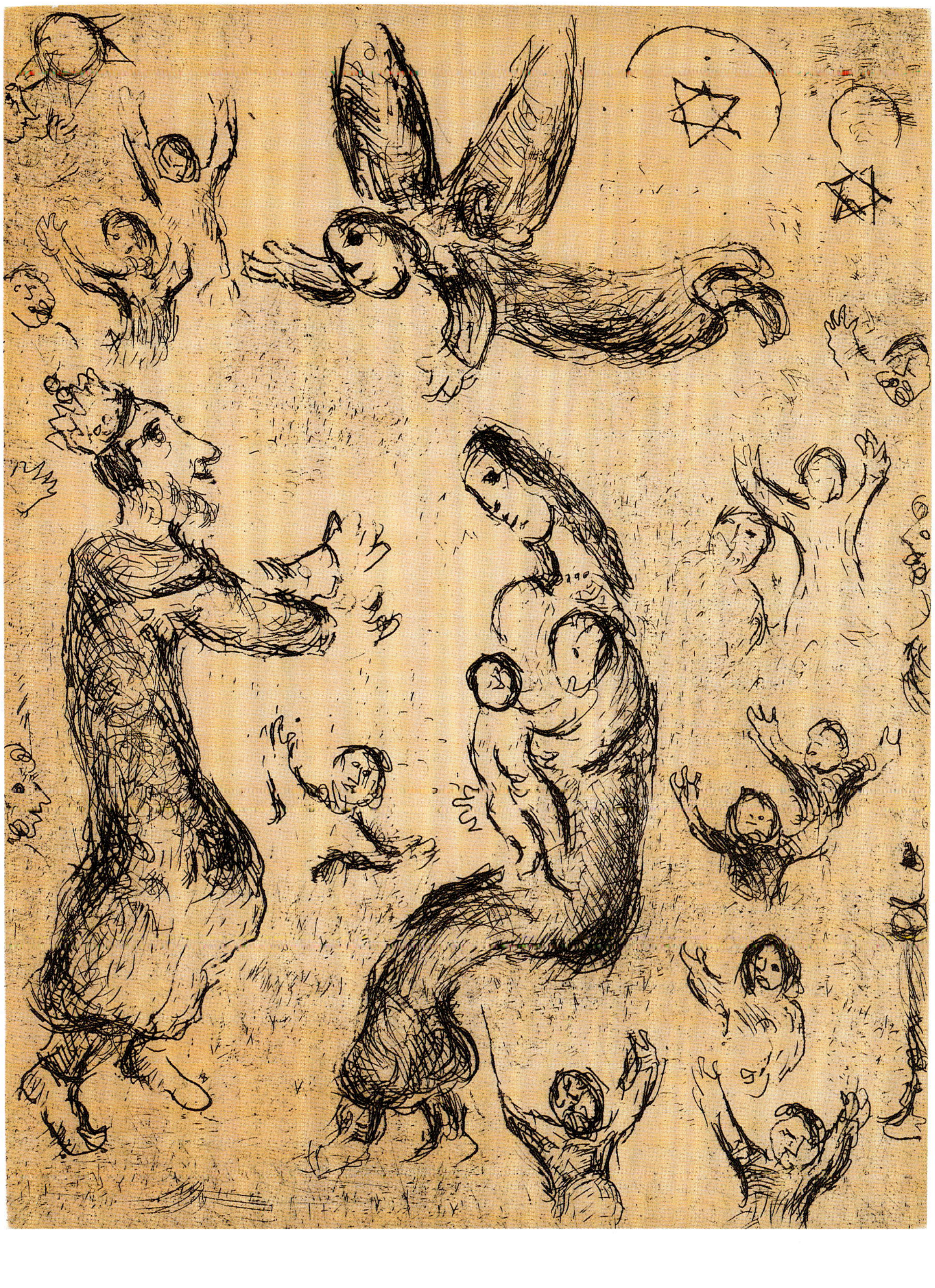

Der Herr ist mein Hirte,
nichts wird mir fehlen.
Er stillt mein Verlangen; er leitet mich
auf rechten Pfaden, treu seinem Namen.
Lauter Güte und Huld
werden mir folgen mein Leben lang.

Psalm 23,1.3.6a

GESTILLT

Psalm 23 dürfte zu den Lieblingspsalmen von Marc Chagall gehört haben. Deshalb beläßt er ihn nicht im Milieu von Hirte und Herde, sondern bezieht ihn im Bild unmittelbar auf sich selbst, er findet sich in ihm wieder.

Helle, lichte Atmosphäre durchwaltet das Bild. Wir sehen den Maler auf einem Stuhl sitzend, mehr auf der Kante, fast schwebend, die Beine lässig von sich gestreckt mit aufgerichtetem Oberkörper. Gestalt und Gesichtsausdruck künden Wohlbehagen: »Nichts wird mir fehlen.« Im Hochgefühl des Beglücktseins hat er gemalt: »Der Herr ist mein Hirte.«

Wie erfährt Marc Chagall die Hirtensorge Gottes? Für den Maler gehören dazu Palette, Pinsel, Staffelei, Leinwand, seine Bilder, ihm nicht weniger nötig als das tägliche Brot. Er hat sie gemalt.

Der Stuhl steht zur Seite, die Staffelei für uns unverdeckt frei. Anders als beim Malen hält er Palette und Pinsel in der rechten Hand, mit der linken auf sein Bild hinweisend. Doch nicht nur Zeigegestus! Die Hand ist zugleich nach oben geöffnet, Eingebungen, innere Bilder zu schöpfen, die von oben ihm zukommen, um diese dann umzusetzen in das von ihm gemalte Bild. Was für die Herde im Psalm »grüne Auen und Ruheplatz am Wasser« (Ps 23,2), sind für ihn Intuition und künstlerisches Schaffen. Malen und seine Bilder bringen ihm Wohlgefühl.

Sein Bild auf der Leinwand stellt Blumen in bauchiger Vase dar: Symbol für alles Schöne in der Welt. Er malt nicht nur für sich selbst, sondern für die Beschauer, die hinter ihm am linken Bildrand stehen. Ihr Blick ist durch Rücken und Stuhl des Künstlers verstellt. Sie sehen nicht viel, weil ihnen, so angedeutet, die Schau des Künstlers fehlt. Deshalb ist es wichtig, Menschen die Augen für seine Bilder zu öffnen, für das Gute, Schöne, Heilige in ihnen. Es gilt die Schönheit der Schöpfung kundzutun, in ihr auf den Schöpfergott hinzuweisen. der diese Welt, auch ihren Blumenreichtum, geschaffen. So sitzt der Maler nicht vor der Staffelei, sondern seitlich, um das Tiefgründige im Kunstwerk den Beschauern zu erklären.

Gottes Hirtensorge erfährt der Künstler aber nicht nur in seiner Kunst, sondern auch in seiner Frau, die ihm geschenkt ist, um von ihr Liebe, Geborgenheit, Begleitung und Beglückung zu empfangen. Sie darf Gott helfen, »sein Verlangen zu stillen« in ganzmenschlicher Zuwendung, liebenswerten Eigenschaften, die ihr gegeben sind. Weil Geschenk Gottes, eine »himmlische Frau«, wie Marc Chagall seine Vava nannte, malt er ihr Flügel. Obschon eindeutig als Frau erkennbar, läßt er sie vom Himmel herabschweben, größer gemalt, weil er sie höher einschätzt als sich selbst.

Doch auch damit ist die Hirtensorge Gottes nicht erschöpft, nicht in seiner Kunst, nicht in seiner Frau, sondern im tiefsten in ihm, der dies alles geschenkt: »Der Herr ist mein Hirte ... Er leitet mich auf rechten Pfaden, treu seinem Namen«. So sehen wir in der rechten oberen Bildecke – über allem – einen Engel im Bild, der mit ausgestrecktem Arm den Weg zeigt, ihn auf »rechten Pfaden leitend«.

Von Gottes Hirtensorge, »Gottes Güte und Huld« fühlt sich der Künstler in allen Lebensbereichen umfangen. Er vertraut darauf, daß sie ihm »folgen sein Leben lang«. In der Radierung erleben wir des Malers Glückssehnsucht GESTILLT.

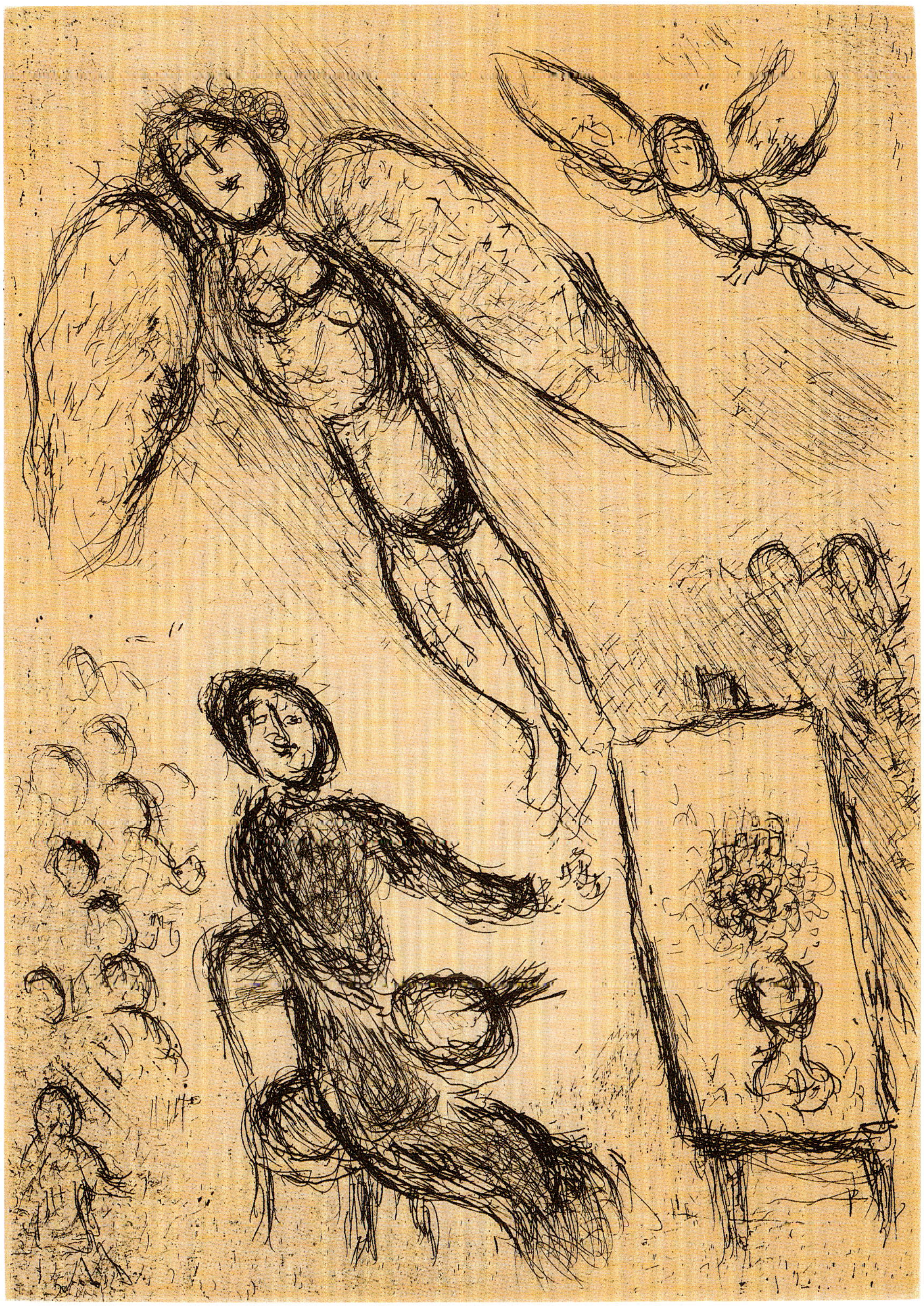

Zu dir, Herr, erhebe ich meine Seele.
Mein Gott, auf dich vertraue ich.
Laß mich nicht scheitern,
laß meine Feinde nicht triumphieren!
Denk an dein Erbarmen, Herr, und an die Taten deiner Huld;
denn sie bestehen seit Ewigkeit.
Denk nicht an meine Jugendsünden und meine Frevel!
In deiner Huld denk an mich, Herr, denn du bist gütig.
Wer ist der Mann, der Gott fürchtet?
Ihm zeigt er den Weg, den er wählen soll.

Psalm 25,1–2.6–7.12

ERHÖRT

Die Grafik zeigt, wer diese Worte spricht, zu wem er spricht. Äußeres Zeichen sind die zum Himmel gereckten Arme mit nach oben und hinten geöffneten Händen, IHM zu, der über ihm steht, dem sein Aufschrei gilt. Hinzu kommen die gebeugten Knie, betend in eigener, geschöpflicher Kleinheit vor Gott. Gesicht wie Körperhaltung wirken bedrückt, das Ambiente von Einsamkeit geprägt: »Ich bin einsam und gebeugt« (V. 16).

Ängste von außen: gehässige Feinde. Einer am linken Bildrand, den Kopf aus einem Zaun streckend, giftet ihn an. Deshalb die Bitte: »Laß mich nicht scheitern ...«

Eigene Verdienste fehlen, dennoch: »Denk an dein Erbarmen, Herr, und an die Taten deiner Huld.« – Gottes Heilstaten seit »Ewigkeit« lassen ihn hoffen. Eine Sonne sehen wir rechts oben, deren Strahlen den Betenden ein wenig erhellen. In der Sonne finden wir den Davidstern, Symbol für Israel. Diese Sonne umschließt, einer Ringmauer ähnlich, Gottes Volk trotz aller Untreue, deren es schuldig geworden ist. Darin sieht der Betende eine Chance für sich selbst. »Erbarmen« ist in hebräisch »Mütterlichkeit«.

Der barmherzige Gott ist zugleich der gerecht Richtende. So sind, links von der Sonne, aus Wolken hervorbrechende Blitze gemalt, auf den Feind des Betenden hin gerichtet. Von der Gewitterwolke ragt eine Schranke zur linken oberen Bildecke: Dem Frevler ist, solange er so tut, der Zugang zu Gottes Erbarmen verwehrt.

Zu den äußeren Nöten tritt Herzensangst von innen, die eigener Schuld entstammt. Des Betenden Blick geht auf ein unten im Bild liegendes, junges Liebespaar: »Denk nicht an meine Jugendsünden...!« Zur Illustration von »Jugendsünden« hat Marc Chagall ein aneinander geschmiegtes Liebespaar gewählt, weil menschliche Schwachheit sich vielleicht im Bereich liebenden Begehrens emotional am erfahrbarsten malerisch darstellen läßt. Dabei ist der Künstler sich durchaus bewußt, wie die vielen Liebespaare in seinen Bildern zeigen, daß es für den Menschen wichtig ist, nicht immer nur stark sein zu müssen, sondern zuweilen auch schwach sein zu dürfen. Wer sich seiner Schwachheit bewußt ist, darf Erbarmen erhoffen.

Und dieses Erbarmen Gottes hat Chagall in jenem anmutigen Engel gemalt, der herbeieilend sich zwischen den Betenden und seine »Jugendsünden« schiebt, die Schuld gleichsam verdeckend. Gottes barmherzige Mütterlichkeit eilt in dem Engel mit seinem gütigen Blick auf das Paar zu Hilfe. Zur Beschleunigung hat der Künstler ihm drei Flügel gemalt. Seine Arme sind geöffnet, schwache, sündige Menschen zu umfangen. Pflanzen, Symbol von Vegetation, Leben, umranken den unteren Bildbereich. Leben bedarf nicht zuletzt der Vergebung.

Der Engel überfliegt das Liebespaar. Der Engel unterfliegt den Betenden, ist doch von den Engeln in Psalm 90,2 gesagt: »Sie tragen dich auf ihren Händen«. Der Engel fliegt voraus, denn dem schwachen Gottesfürchtigen gilt: »Ihm zeigt er den Weg, den er wählen soll.« Die Bitte »Denk an mich!« wird ERHÖRT.

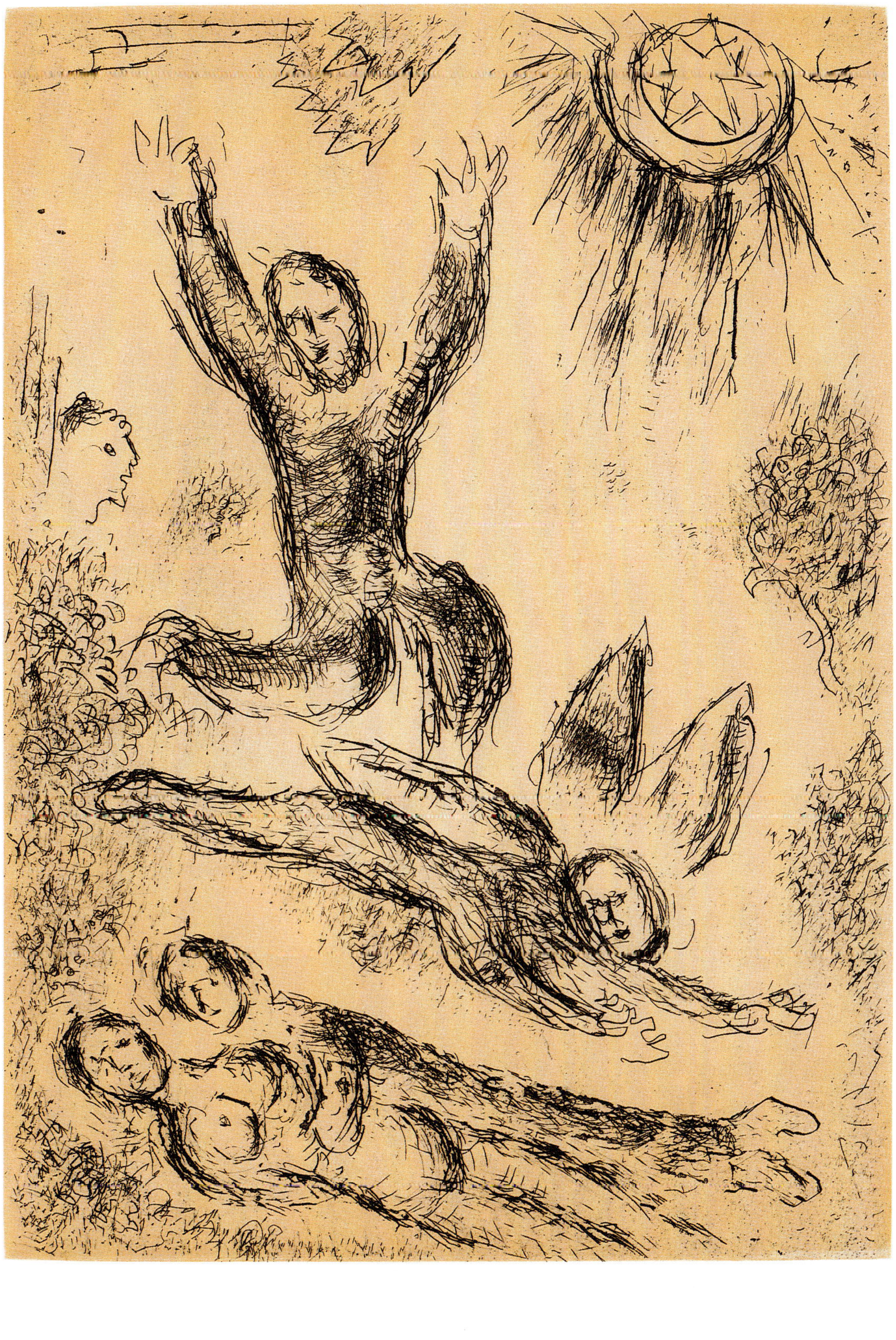

Herr, ich suche Zuflucht bei dir.
Laß mich doch niemals scheitern!
Zum Spott geworden bin ich all meinen Feinden,
ein Hohn den Nachbarn, ein Schrecken den Freunden.
Sie tun sich gegen mich zusammen;
sie sinnen darauf, mir das Leben zu rauben.
Ich aber, Herr, ich vertraue dir,
ich sage: »Du bist mein Gott.«
In deiner Hand liegt mein Geschick;
entreiß mich der Hand meiner Feinde und Verfolger!

Psalm 31,2.12.14–16

ENTRISSEN

Vordergründig im unteren Bildbereich, zu Boden geworfen: der Psalmist. Die dicht und tief in die Kupferplatte eingegrabenen Linien, die damit in düsteres Schwarz gehüllte Gestalt, zeigen, wie es in seinem Innern aussieht: finstere Nacht. Der Rücken von Leid gekrümmt, die Standfestigkeit gebrochen: »Meine Kraft ist ermattet im Elend ... bin geworden wie ein zerbrochenes Gefäß« (Ps 31,11.13).
Dennoch, er liegt nicht flach auf dem Boden, sein Kopf berührt nicht die Erde. Die Ausgangsstellung ist die des Knienden, der aus dem Knien heraus sich zum Boden geneigt. Arme und Hände sind geöffnet, der Kopf ein wenig erhoben, und offen sind die Lippen zum Gespräch. Das alles sind Gesten des Gebetes, Schrei zu dem, der in Ausweglosigkeit allein noch helfen kann: »Herr, ich suche Zuflucht bei dir. Laß mich doch niemals scheitern; ... rette mich!« Nur einer ist da. Ihm vertraut er sich an: »Ich sage: ›Du bist mein Gott.‹ In deiner Hand liegt mein Geschick« (vgl. Ps 31,6 und 23,46). Über ihm sind gemalt, die ihn auf dem Gewissen, verhöhnt, erniedrigt haben. Chagall hat die Rotte der Spötter gesichtslos gezeichnet: Menschen mit Köpfen, aber ohne Gesicht. Sie schauen nicht nach unten auf den Entwürdigten, würdigen ihn keines Blickes: »Ich bin dem Gedächtnis entschwunden« (Ps 31,13). Selbst Mutter und Kind sind gesichtslos. Schon das Kleine auf dem Arm soll lernen, nicht zu schauen. So wird in Kinderherzen Haß gesät. Und ein kleiner Junge zeigt Schadenfreude im Gestus der erhobenen Hände.
Weil gesichtslos, ist ihnen der Blick auch nach oben verwehrt. Haß nimmt jegliche Sicht. Was bleibt, ist blinde, zu allem fähige Aggression. Marc Chagall hat die Spötter kleiner gemalt. Die Radiernadel dringt weniger tief in die Platte. So entstehen blasse Gestalten. Gesichtslose sind unbedeutend, aber nicht ungefährlich, weil ohne Profil, Persönlichkeit.
Der Gedemütigte wird erhört. Während er noch zum Herrn aufschreit, naht schon Gottes Hilfe, im Engel dargestellt. Mit betont groß gemalten Flügeln eilt er herbei, schwebt er vom Himmel herab. Sein Gesicht ist ernst und besorgt, gilt es doch, einen Bedrohten denen zu entreißen, die angetreten sind, ihm Ehre, Leib und Leben zu zertreten.
Der Engel schaut uns an, denn Gott ist jedem nahe, der auf ihn vertraut. Stärker konturiert, überfliegt er die Spötter. Er steht in unmittelbarer Verbindung mit dem Betenden, und keiner in der Masse, noch diese insgesamt, kann ihn daran hindern. Im Anflug sind seine Arme schon weit geöffnet, ihn aufzufangen entsprechend dem Gebet: »In deiner Hand liegt mein Geschick.« In der Größe des Engels über der Meute wird seine Macht erkennbar, in seiner lichten Gestalt sein Kommen aus dem göttlichen Bereich. Der Betende wird von Gott seinen Feinden ENTRISSEN.

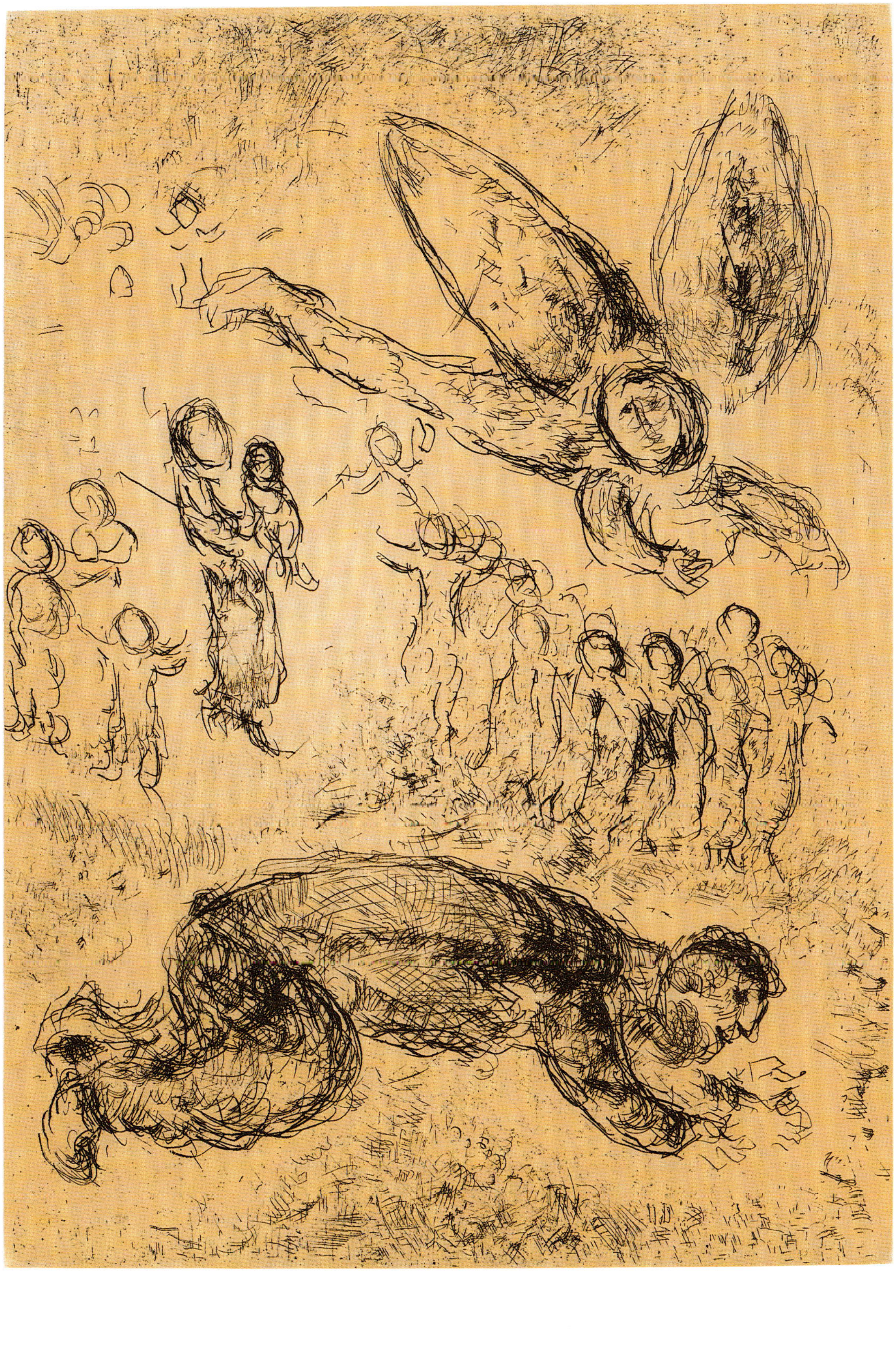

Wohl dem, dessen Frevel vergeben
und dessen Sünde bedeckt ist.
Wohl dem Menschen, dem der Herr
die Schuld nicht zur Last legt
und dessen Herz keine Falschheit kennt.
Ich sagte: Ich will dem Herrn meine Frevel bekennen.
Und du hast mir die Schuld vergeben.
Du bist mein Schutz, bewahrst mich vor Not;
du rettest mich und hüllst mich in Jubel.

Psalm 32,1.2.5.7

VERGEBEN

Nicht um ein profanes Bild geht es, sondern um ein geistlich-mystisches, angedeutet in dem mit Rücken und Kopf nach unten, den Füßen nach oben, mit anliegenden statt ausgespannten Flügeln fliegenden kleinen Vogel mitten unter dem oberen Bildrand. Und es geht um ein Lied, wie die Notenzeilen etwa in der linken unteren Bildecke andeuten.

In der Art der Illustration denkt der Künstler an David, seine Schuld, den Ehebruch mit Batseba, der Frau des Uria (2 Sam 11). Entsprechend Psalm 32 malt er aber nicht den sündigen David, sondern David, »dessen Sünde bedeckt ist«. Im Mittelpunkt stehen die, denen die Schuld vergeben: David und Batseba, wobei die Bibel nur David Schuld zuweist (2 Sam 12), weil Batseba dem König gegenüber machtlos war.

Wichtig ist die Verteilung von Licht und Dunkel: Finsternis am linken Bildrand und in der Ecke rechts oben, dazwischen ein Lichtkegel, der Gesicht, Krone, Halspartie und Hände von David, und Batseba total – weil unschuldig – umfängt.

Finsternis ist Symbol für Schuld, Licht für Vergebung. David auf dem Königsthron, noch einbezogen in das Dunkel zur Linken, zeigt seine Verquickung in Schuld, zu der seine Herrschaftsbefugnis, erkennbar im Thron, beigetragen hat.

Wie wird Vergebung im Bild? Das Dunkel der Schuld ist nach links und rechts zur Seite gedrängt, weggeschoben, liegt hinter David, nicht mehr belastend. Licht von oben – von Gott kommend – fließt, Finsternis vertreibend, in das Bild ein. Vergebung befreit von Schuld.

»Wohl« ist gleichbedeutend mit »Glück«. Vergebung entreißt der Schuld und Traurigkeit, läßt wieder froh sein. Gott hat David den Thron belassen. Kein trauriger Gesichtsausdruck findet sich in David und Batseba. Beide sind, nicht schuldgebeugt, sondern in aufrechter Haltung gemalt. Erleichtert, in Freude an ihr, schaut er auf sie. Und sie schaut fraulich liebend, beglückt von seiner Zärtlichkeit, zu ihm auf. Ihr Gesicht schmiegt sich seinem an. »Du hüllst mich in Jubel« wird im Psalm erlebbar. In Vergebung geschieht: »Mein Gott macht meine Finsternis hell« (Ps 18,29).

So können auch sie wieder einander erhellen, froh machen, und dieses Freudeschenken geschieht ganzmenschlich – geistig, emotional, leiblich – in einer Hochform menschlicher Liebe, jener zwischen Mann und Frau.

Sünde bringt Finsternis, und im Dunkel kann Leben auf der Erde nicht gedeihen. Vergebung bringt zum Leben nötiges Licht. So finden wir in der Ecke rechts unten noch ein Bildelement, das zeigt, wie Vergebung sich auswirkt: Blumen in einer Vase auf niedrigem Tisch. Sie bedürfen des Lichts, das sie in der Grafik umspielt. Blumen künden Leben, Fruchtbarkeit, Schönheit, schenken Freude. Ein Gleichnis für jene Wirklichkeit: Neu erblüht, wem VERGEBEN.

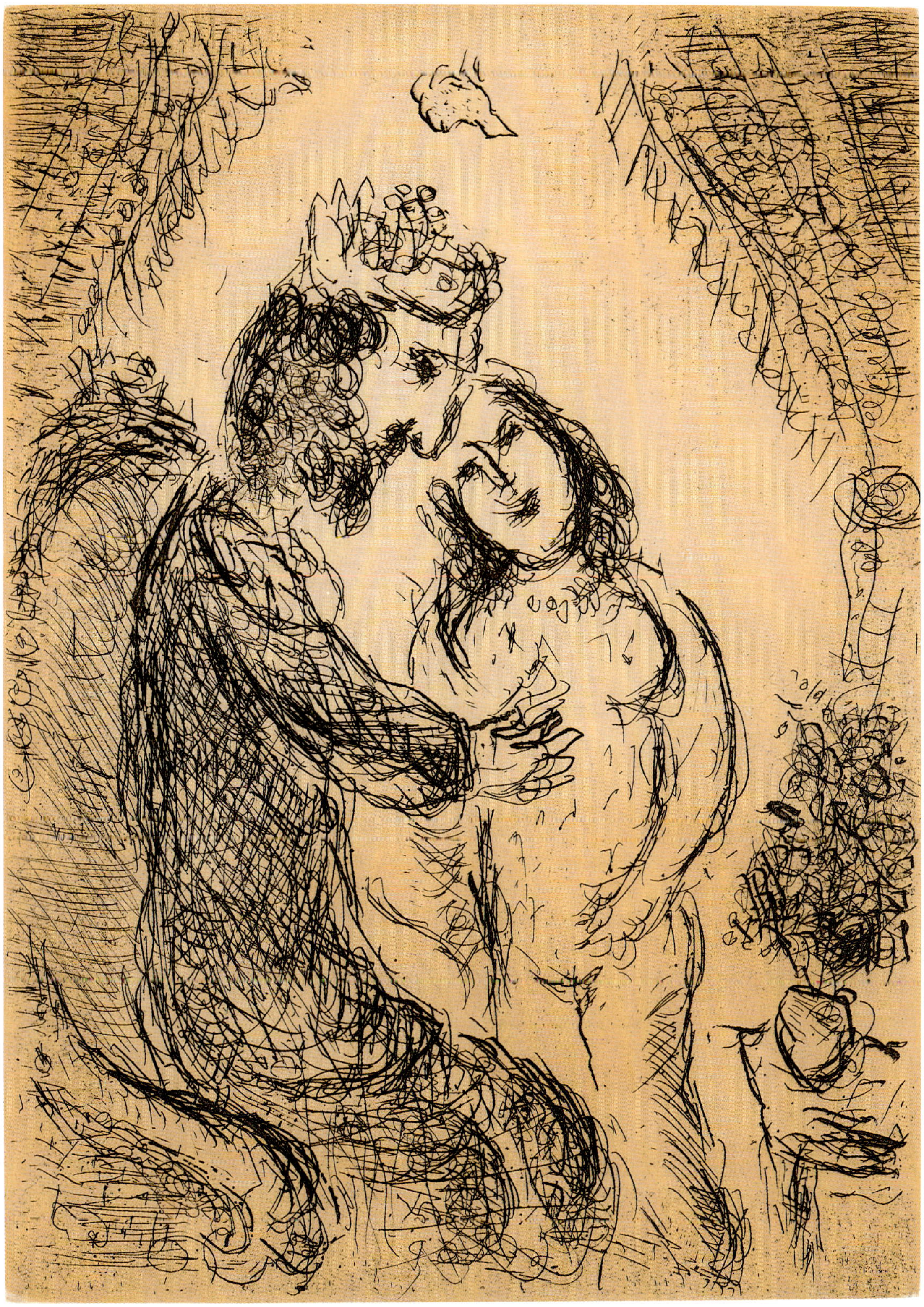

Herr, tu mir mein Ende kund und die Zahl meiner Tage!
Laß mich erkennen, wie sehr ich vergänglich bin!
Nur wie ein Schatten geht der Mensch einher,
um ein Nichts macht er Lärm.
Und nun, Herr, worauf soll ich hoffen?
Auf dich allein will ich harren.

Psalm 39,5.7.8

VERGÄNGLICH

Wir sehen David im Bild gemalt auf der Staffelei. Nicht mehr jung, sondern betagt und ernst, singt er noch immer Psalmen zur Harfe. Die Staffelei steht so weit am rechten Bildrand, daß das Gemälde nicht mehr in seiner Gänze sichtbar ist und damit David an den Rand gerückt erscheint.
Darum geht es im Psalm. In der Randsituation des nahenden Endes seines Lebens wird die Frage nach der eigenen Zukunft, dem »Danach« zum Thema des Gebetes: »Herr, tu mir mein Ende kund und die Zahl meiner Tage!«
Der Gedanke an das Ende ist angedeutet in der Mondsichel, dem Symbol der Vergänglichkeit, noch verstärkt dadurch, daß diese in der Sonne steht. Tag und Nachtgestirn, in ständigem Wechsel von Tag und Nacht, in bald zunehmendem, bald abnehmendem Mond, sind Zeichen für unser Erdenleben mit seinem Kommen und Gehen, helfen die Bitte des Königs verstehen: »Laß mich erkennen, wie sehr ich vergänglich bin!«
Marc Chagall, der diese Grafik 1978 geschaffen, stand – auch wenn er sich immer jung gemalt hat und tatsächlich innerlich jung geblieben war – damals im 91. Lebensjahr. Der Maler mit der Palette mitten im Bild findet sich selbst in Psalm 39 wieder. Alles wird zum Gleichnis: Er sitzt nicht fest auf dem Stuhl, vielmehr nur auf der Sitzkante, was die Gefahr des Stürzens in sich birgt. Und einmal wird die Zeit gekommen sein, zu der der kleine Hocker rechts unten, nicht nur wie in der Grafik, sondern immer leer dasteht. Des Malers Gesicht ist gleich David von Lebensernst gezeichnet, von jener Frage nach dem Ende, der Vergänglichkeit, der er im Malen betend Ausdruck gibt.
Die Gruppe von Menschen links vom Stuhl und im Rücken des Malers einer – vielleicht seiner – Frau sind schattenhaft gestaltet, wie ebenso im Künstler und in David, im Bild und der Grafik viel Schatten anzutreffen ist. Schattenhafte Gestalten entsprechen dem Psalm: »Nur wie ein Schatten geht der Mensch einher.«
Dennoch gibt es auch Licht im Bild, dem Strahlungsbereich zur Linken der Himmelskörper, der Sonne und des zunehmenden Mondes. Sie sind nicht nur Zeichen der Vergänglichkeit. Ihre Verschmelzung hebt sie über sich hinaus, läßt sie zugleich jene eine Lichtquelle erahnen, von der wir in der Bibel lesen: »Bei Tag wird nicht mehr die Sonne dein Licht sein, und um die Nacht zu erhellen, scheint dir nicht mehr der Mond, sondern der Herr ist dein ewiges Licht, dein Gott dein strahlender Glanz« (Jes 60,19).
Im Bildbereich links oben schwebt ein Engel als Gesandter Gottes auf den Künstler zu, das Gesicht des Malers und das Davids im Gemälde, die Palette und die Harfe erhellend. Und auch seine geliebte Frau hat Chagall schon in den Lichtbereich gehoben.
Die Vergänglichkeit ist der Ausgangspunkt, der Herr in seiner Herrlichkeit der Zielpunkt im Psalm, zu dem der Flehruf dringt: »Und nun, Herr, worauf soll ich hoffen? Auf dich allein will ich harren.«
Auf ihn weist auch der seltsam verdrehte linke Arm des Malers mit der ebenfalls in Licht getauchten rechten Hand. Sie deutet nicht so sehr auf David, sondern sie weist, nach oben geöffnet, vielmehr zurück, in Richtung auf den Engel hin. Mit Unvergänglichkeit kann nur der Herr uns beschenken. Alles erdhaft Irdische ist VERGÄNGLICH.

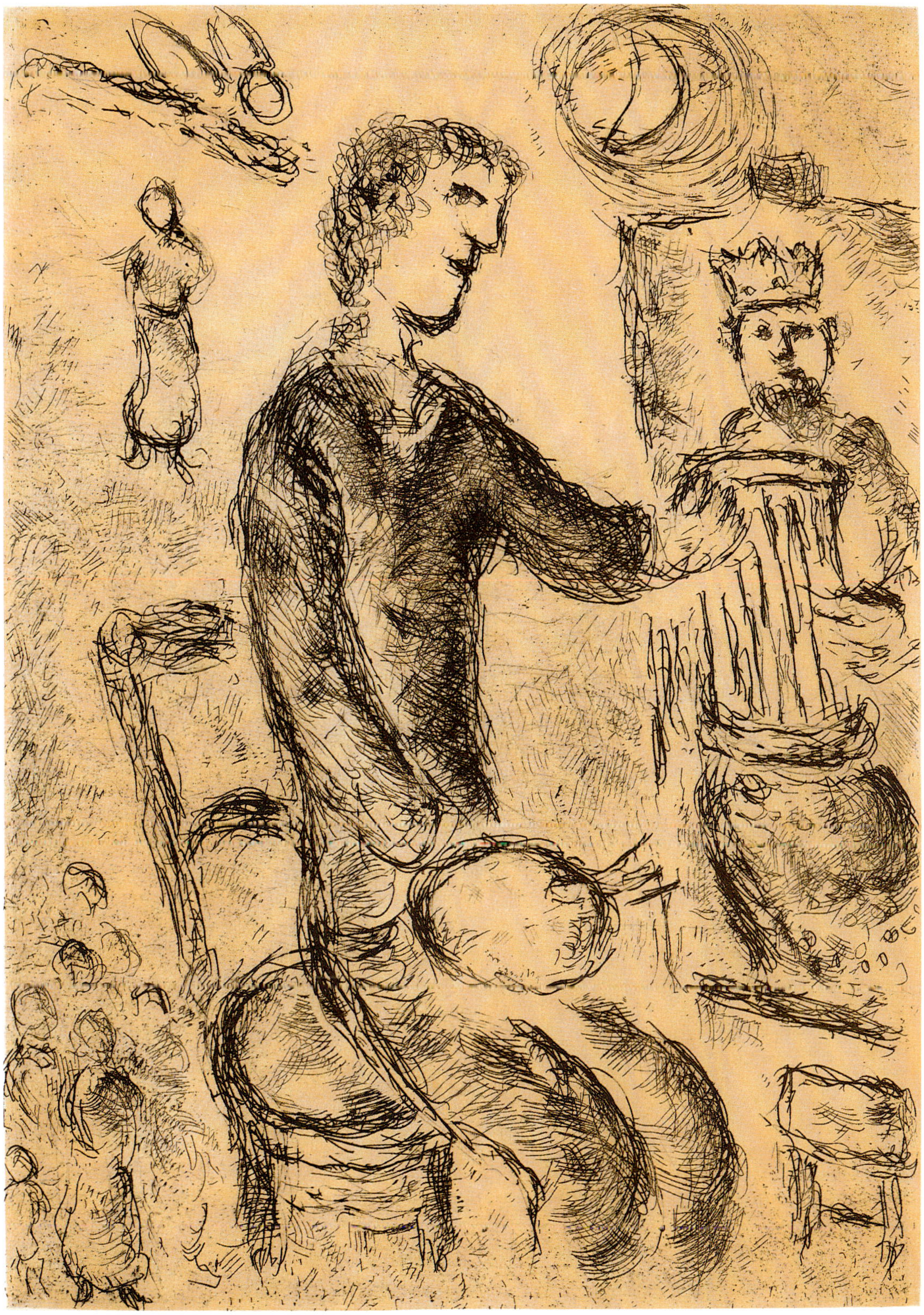

Zahlreich sind deine Wunder, die du getan hast, und deine Pläne mit uns;
Herr, mein Gott, nichts kommt dir gleich.
Wollte ich von ihnen künden und reden,
es wären mehr, als man zählen kann.
An Schlacht- und Speiseopfern hast du kein Gefallen,
Brand- und Sündopfer forderst du nicht.
Doch das Gehör hast du mir eingepflanzt;
darum sage ich: Ja, ich komme.
In dieser Schriftrolle steht, was an mir geschehen ist.
Deinen Willen zu tun, mein Gott, macht mir Freude,
Deine Weisung trag' ich im Herzen.

Psalm 40,6–9

HÖRSAM

Wolkenverhangener, wenn auch von Lichtstrahlen durchbrochener Himmel, ein dürftig bewachsener Felsvorsprung und die in tiefes Schwarz getauchte Gestalt des Betenden kennzeichnen die Situation. Bedrängnis von außen durch Unheil Sinnende, denen er nur entgehen konnte, weil geschehen ist: »Er zog mich herauf aus der Grube des Grauens« (Ps 40,3). Bedrängnis von innen: »Denn Leiden ohne Zahl umfangen mich, meine Sünden holen mich ein, ich vermag nicht mehr aufzusehen« (Ps 40,13).

Der Betende, ganz allein, im Gespräch mit seinem Gott! Dessen zahlreiche Wunder und Pläne bestaunend, ist er in die Knie gesunken, sind Arme und Hände anbetend zum Himmel erhoben. Er weiß, nicht materielle Gaben, wenn auch guten Willens zeichenhaft dargeboten, gefallen Gott, entsprechen seinen Forderungen. Es geht um mehr! Der Psalmist weiß es, weil Gott ihm das Gehör eingepflanzt und ihn damit sogar befähigt hat, in Gottes Wort hineinzuhören.

Das zeigt Marc Chagall in jener kleinen Gestalt, dem Betenden zu Füßen. Sie trägt eine Schriftrolle, den Kopf ihr zugeneigt und ein wenig zur Linken gedreht. Es ist, als wolle sie mit dem rechten Ohr erlauschen, was in ihr geschrieben steht. Damit spiegelt sie das Wort vom »eingepflanzten Gehör« des Betenden, dessen Blick nicht nach oben, sondern auf Gottes Wort der Schrift gerichtet ist. So wichtig sind ihm – und auch dem Künstler – Gottes Offenbarung, daß die Bibel sowohl als Rolle wie auch als aufgeschlagenes Buch im Bild erscheint.

Der Psalmist wagt trotz der ihm eigenen Sündigkeit und mitten im Leid Worte, die so weittragend, folgenschwer, alles fordernd sind, daß der Hebräerbrief diese – etwas abgewandelt – dem Gottesknecht Christus in den Mund legt: »Darum sage ich: Ja, ich komme. In der Schriftrolle steht, was an mir geschehen ist« (10,5).

Wer so betet, ist nicht allein. Strahlen dringen durch die dunkle Wolke. Eine große Hand streckt sich dem Betenden entgegen, in Weiß gehalten, das sich seinem Gesicht, den Händen, der Bibel und Schriftrolle mitteilt, an das Wort im ersten Lied vom Gottesknecht (Jes 42,6) erinnernd: »Ich fasse dich an der Hand.« Und schon die Wolke selbst ist in der Bibel häufig Zeichen der Nähe des geheimnisvollen Gottes.

Wer so betet, dem sendet Gott – wie im Bild links oben – seinen Engel: »Denn er befiehlt seinen Engeln, dich zu behüten auf all deinen Wegen« (Ps 91,11).

Wer so betet, gleicht einem fruchtbaren Baum, gemalt am Abhang des Felsens rechts unten: »Er ist wie ein Baum, der am Wasser gepflanzt ist ... seine Blätter bleiben grün ... unablässig bringt er Früchte« (Jer 16,8).

Der Psalmist muß viel Lebenslast tragen und dazu sich selbst, die eigene Sündigkeit ertragen. Dennoch – oder gerade deshalb: Gottes Wille ist ihm Freude, Gottes Weisung Herzenssache. Er ist HÖRSAM.

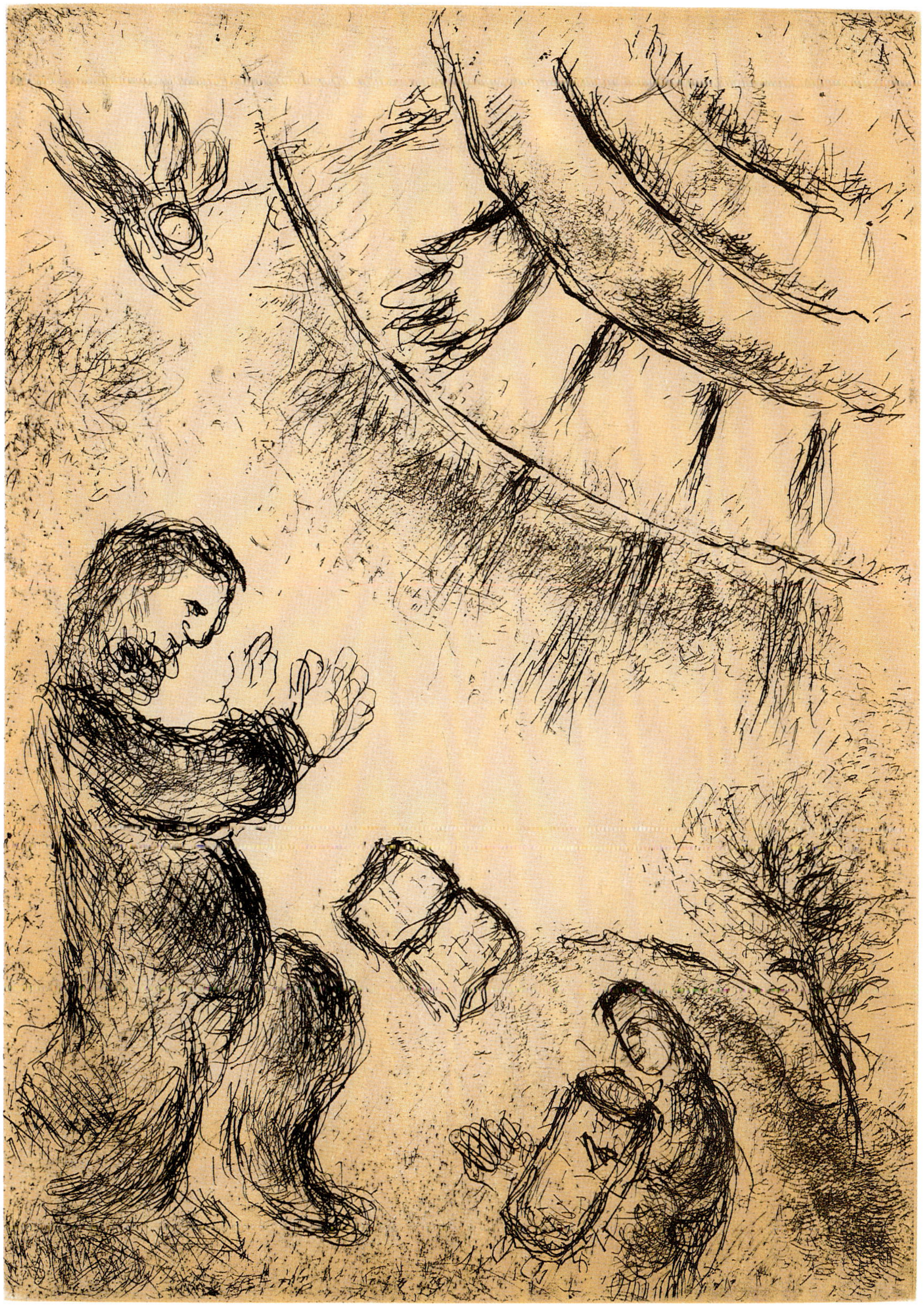

Wach auf! Warum schläfst du, Herr?
Erwache, verstoß nicht für immer!
Warum verbirgst du dein Gesicht,
vergißt unsere Not und Bedrängnis?
Unsere Seele ist in den Staub hinabgebeugt,
unser Leib liegt am Boden.
Steh auf und hilf uns.
In deiner Huld erlöse uns!

Psalm 44,24–26

ERWACHE

Es geht ihm nicht gut, dem Betenden links im Bild. Er steht nicht mitten im Leben, sondern abseits mit dem Rücken zum Rand. Verhärmt ist sein Gesicht, ausgemergelt die Gestalt. Tiefes Schwarz, einem Trauergewand ähnlich, läßt erkennen, wie es in ihm aussieht. Allein gelassen, verhallt sein Notschrei ohne Echo. Ihm ist, als schlafe der Herr. Deshalb verstärkt er sein Schreien mit dem Ruf des Schofars, des Widderhorns: »Wach auf! Warum schläfst du, Herr?«

»Warum verbirgst du dein Gesicht, vergißt unsere Not und Bedrängnis?« – Solch abgrundtiefe Seelenfinsternis vermag selbst Sonnenschein nicht zu erhellen. Obschon ein Engel ihm ganz nahe ist, sieht er ihn nicht und kann ihn auch nicht sehen, weil Engel unsichtbar und deshalb in diesem Bild gesichtlos dargestellt sind. Nur um sie zu veranschaulichen, bedarf es ihrer Sichtbarmachung. Auch der von fern, deshalb nur schemenhaft angedeutete Cherubim in der linken oberen Bildecke – an der Art seiner Flügel und dem gesichtlosen Kopf gerade noch erkennbar – ist für den Bekümmerten unsichtbar, weil er für den Psalmisten außer Sichtweite hoch über ihm schwebt.

»Unsere Seele hinabgebeugt, unser Leib am Boden« – Mit seiner Not ist der Psalmist nicht allein. Er ist nur Sprachrohr für das durch Morden in Todesnot geratene Volk, wie Vers 23 im Psalm verlauten läßt: »Um deinetwillen werden wir getötet Tag für Tag, behandelt wie Schafe, die man zum Schlachten bestimmt hat.« Deshalb hat der Künstler die vom Tod Bedrohten auf einem Friedhof zwischen Grabsteinen dargestellt. Eine Hand am linken Bildrand weist auf sie hin. Sie stehen gleichsam schon mit einem Fuß im Grab. Ganz unten rechts kann einer nicht mehr stehen. Sich mit letzter Kraft aufbäumend, liegt er am Boden.

Es ist ein Volksklagelied, nicht nur Notschrei eines Einzelnen, wie die das Bild mitstrukturierenden Notenzeichen im Friedhofsbereich und am rechten oberen Bildrand kundtun. In dem Ruf »Wach auf ... Erwache ... Steh' auf« artikuliert sich noch bestehendes Vertrauen auf den Herrn, der nicht verstößt und nicht vergißt. Ihm entsprechen hoffnungsträchtige Bildelemente:

Da ist die Sonne mit ihrem strahlenden, die Erde erwärmenden Licht. Sie weist über sich hinaus auf den, »der die großen Leuchten gemacht hat, ... die Sonne zur Herrschaft über den Tag, denn seine Huld ist ewig« (Ps 136,8).

Da ist der, von dem einst Jakob dankbar bekannte: »Der Engel, der mich erlöst hat von jeglichem Unheil« (Gen 48,16). Der Engel, aus der Schar der Bedrängten steil aufsteigend, nimmt – angedeutet in seinen tiefschwarz gemalten Beinen und dem zum Psalmisten weisenden Flügel – alle Not des Volkes mit, hebt sie ins Licht, um sie vor Gott zu tragen.

Ein belaubter Baum im Lichtbereich der Sonne am rechten Bildrand zeigt an, daß Leben neu ersprießt.

Der Cherubim links oben ist Zeichen der Nähe des unsichtbaren Gottes, und die Noten rechts oben vertonen etwa den Flehruf: »Steh auf und hilf uns! In deiner Huld erlöse uns!«

»Wir rühmen uns Gottes den ganzen Tag und preisen deinen Namen auf ewig.« Auch das sind Worte in unserem Psalm (44,9). Aber das schließt nicht aus, daß das Gefühl der Gottverlassenheit so sehr bedrängen kann, daß daraus in Todesnot der Aufschrei erwächst: »ERWACHE!«

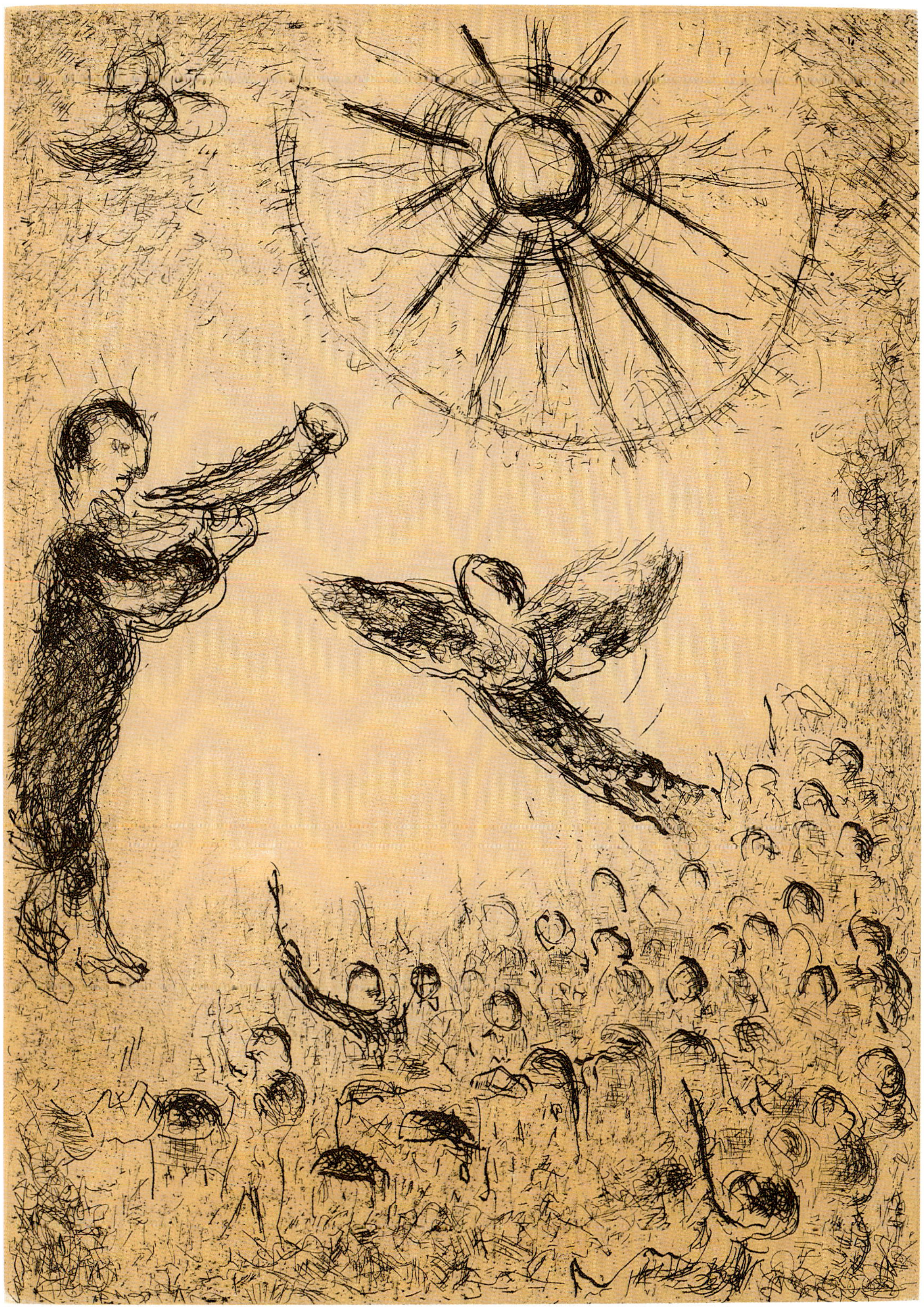

Mein Herz fließt über von froher Kunde,
ich weihe mein Lied dem König.
Meine Zunge gleicht dem Griffel des flinken Schreibers.
Du bist der Schönste von allen Menschen.
Anmut ist ausgegossen über deine Lippen;
darum hat Gott dich für immer gesegnet.
Von Myrrhe, Aloe und Kassia duften all deine Gewänder,
aus Elfenbeinhallen erfreut dich Saitenspiel.
Königstöchter gehen dir entgegen,
die Braut steht dir zur Rechten
im Schmuck von Ofirgold.

Psalm 45,2.3.9.10

ANMUTIG

Ich weihe mein Lied dem König! – Nicht einem irdischen Herrscher gilt dieses Hochzeitslied, sondern dem Gott-König, für den der irdische König nur Repräsentant ist. Die überproportionale Größe seiner Gestalt im Bild weist über ihn hinaus, während in der zierlichen Krone die Kleinheit irdischen Königtums Ausdruck gewinnt.
Sitzend gemalt, sitzt er doch nicht mangels Sitzgelegenheit. Es ist ein überhöhtes, schwebendes Sitzen, das verdeutlicht, daß es das Herz des Königs selbst ist, das da überfließt von froher Kunde. So übersprudelnd entströmen seinen Lippen die vertonten Worte, daß sie »dem Griffel des flinken Schreibers« gleichen. Wir finden ihn in der linken unteren Bildecke in gespannter Aufmerksamkeit, Stifte in der rechten Hand, um den Psalm einzubringen in die Bibel.
Die begleitenden Musiker stehen nicht vor ihrem König, weil nicht er das Lied empfängt, sondern selbst hineingenommen ist in die Reihe der elipsoid angeordneten Musikanten. Ganz aktiv spielt er mit auf seiner übergroßen Viola.
Anmutig, besinnlich, dem Psalm ganz hingegeben, hat Chagall den König gemalt. Wird aber von ihm gesagt: »Du bist der Schönste von allen Menschen«, dann ist auch seine Anmut transparent, denn »der Schönste« kann nur der Messias sein; zumal die Worte folgen: »darum hat Gott dich für immer gesegnet«. Auch dieses »für immer Gesegnetsein« hat der Künstler ins Bild gebracht in dem Mann am rechten Bildrand, der ganz gottversunken, einen dreiarmigen Leuchter mit brennenden Kerzen tragend, dem König gegenübersteht.
Durch entsprechenden Lichteinfall ist die Gewandung des Königs duftig gestaltet. Anmut und Saitenspiel verbinden sich im Lied, das Gott erfreut. Viele Saiteninstrumente – beginnend mit der dem König eingezeichneten Viola mit frei schwebendem Fiedelbogen, dann über ihm die Violine bis hin zur Harfenistin zu seinen Füßen – sehen wir im Bild. Auch andere Musikinstrumente wirken mit im Gotteslob, wie die Frau mit dem Tamburin nahe dem oberen Bildrand und ihr zur Seite der Mann mit dem Schofar. Zugleich finden wir viele Notenzeilen und Zeichen, besonders rechts vom Kopf des Königs, zwischen ihm und dem Leuchter, sowie am rechten Bildrand oben, über die Grafik verstreut.
»Die Braut steht dir zur Rechten.« – Wir erblicken auch sie, vom König her gesehen rechts, in der linken oberen Bildecke. Auffallend ist: Wir sehen nur ihr Gesicht und dieses – anders als bei den sonstigen Bildelementen – nur umrißhaft gezeichnet. Warum? Weil es bei der Braut des Gottkönigs nicht um eine einzelne Person geht, sondern um das Gottesvolk insgesamt, um alle Gottsuchenden.
So steht nun unser Psalm nicht nur in der Bibel, erklingt nicht nur in liturgischem Gebet, sondern zugleich ist er von Marc Chagall gemalt zum Lob des Gott-Königs, der so ANMUTIG.

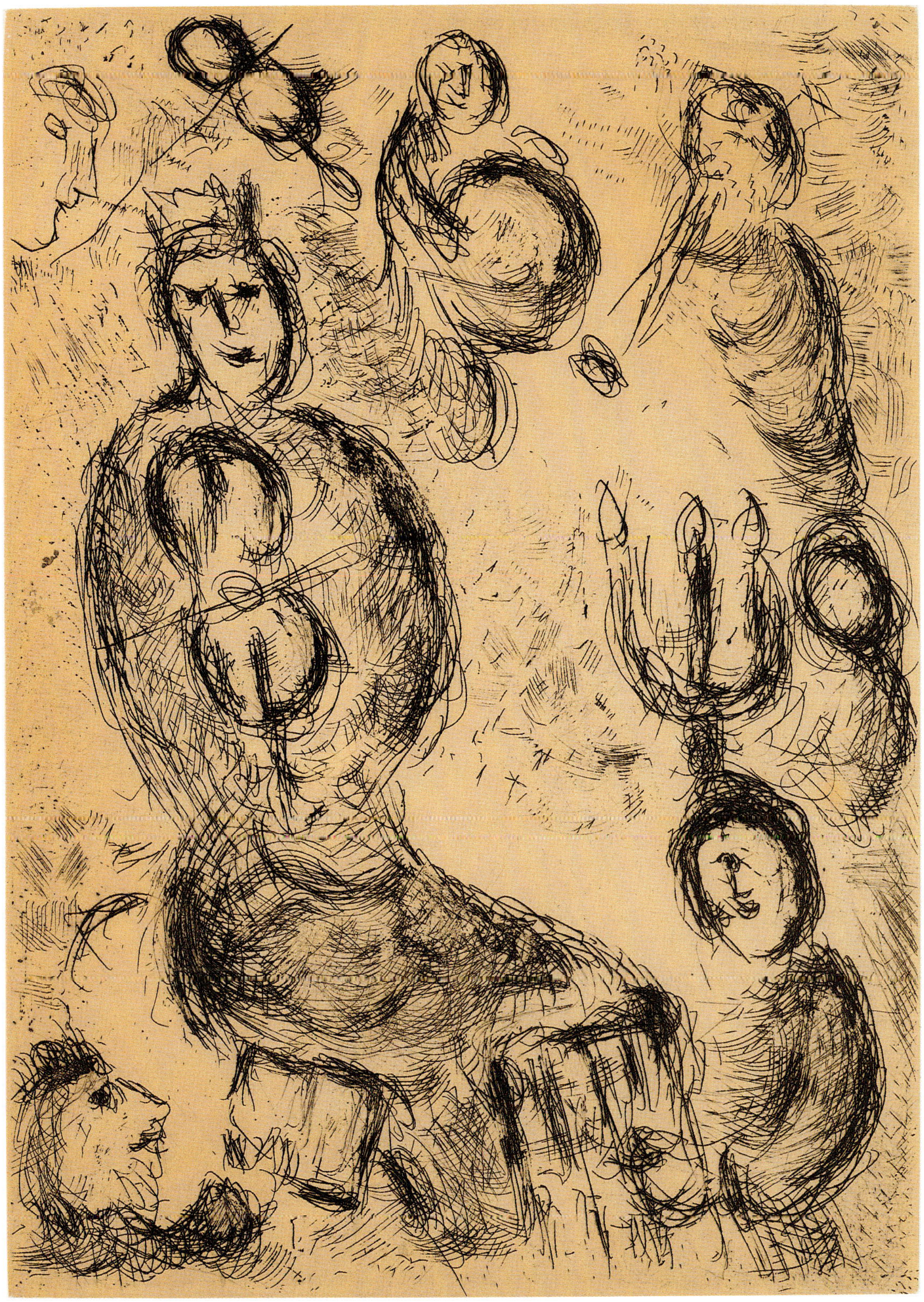

Groß ist der Herr und hoch zu preisen
in der Stadt unseres Gottes.
Über deine Huld, o Gott, denken wir nach
in deinem heiligen Tempel.
Wie dein Name, o Gott, so reicht dein Ruhm
bis an die Grenzen der Erde.
Der Berg Zion freue sich,
die Töchter Judas sollen über deine gerechten Urteile jubeln.
Umkreist den Zion, umschreitet ihn, zählt seine Türme!
Betrachtet seine Wälle, geht in seinen Palästen umher,
damit ihr dem kommenden Geschlecht erzählen könnt:
»Das ist Gott, unser Gott für immer und ewig.
Er wird uns führen in Ewigkeit.«

Psalm 48,2.10–15

UMJUBELT

Tanzende Frauen, anmutig mit wallendem Haar und freudig erhobenen Armen, bestimmen das Bild. Worin gründet ihr Jubel? Wir sehen oberhalb eine Stadt: Licht über ihr, ausgehend von der Sonne inmitten des oberen Bildrandes. Lichtvoll ist die Stadt selbst, denn selbst die Steine sind lichtdurchlässig. Und Licht unterhalb der Stadt, sich aus dem Stadttor ergießend wie ein Strom, der immer mehr ausufert und alles mit Licht durchtränkt.

Die Lichtführung läßt die Stadt schwebend erscheinen. Und darüber fliegen zwei Engel: der zur Rechten ist mehr durchgezeichnet, der zur Linken, wie die Sonne, nur angedeutet.

Es muß eine besondere Bewandtnis haben mit dieser schwebenden, durchstrahlten, von Engeln behüteten Stadt. Wie die Silhouette mit dem Turm Davids in der Mitte kenntlich macht, ist es Jerusalem, »die Stadt des großen Gottes«. Sind auch die von ihren Bewohnern gebauten Wälle, Tore, Paläste bewundernswert, so liegt dennoch ihr Geheimnis nicht in den Steinen, sondern im »HERRN«, der Jerusalem einst der Vollendung zuführt: »Bei Tag wird nicht mehr die Sonne dein Licht sein, und um die Nacht zu erhellen, scheint dir nicht mehr der Mond, sondern der Herr ist dein ewiges Licht, dein Gott dein strahlender Glanz« (Jes 60,19).

Herz der Stadt ist der Tempel, wo heute der Felsendom steht, links oben im Bild: »Über deine Huld, o Gott, denken wir nach in deinem heiligen Tempel.« Das bedarf Gottes Wort. Deshalb hat Chagall die Kuppel mit einer Schriftrolle gekrönt.

»Wie dein Name, o Gott, so reicht dein Ruhm bis an die Enden der Erde.« Statt den »Enden der Erde« sind Geschöpfe einbezogen: Über grasbewachsener Erde steht oben rechts von der Stadt eine Palme, darunter ein Kamel, in der Bildecke darüber fliegend ein Vogel. Diagonal links unten schwingt eine Frau mit erhobenem Arm eine Schlange, die den Tanzrhythmus aufnimmt. Und rechts daneben sehen wir den Kopf eines Tieres, dem im Aufblick der Reigen sichtlich gefällt.

Die Frauen, denen sich ein Paar zur Rechten zugesellt, sind »die Töchter Judas«. Sie tanzen nicht innerhalb der Stadt, auch nicht nahe dem Tor, sondern weit unten am Fuß des Berges Zion. Hier sind sie für die von auswärts Kommenden sichtbar. Ihr Lobpreis ist hörbar. Hier erzählen sie »dem kommenden Geschlecht« von Gottes Größe und Huld. Der Herr in seiner Stadt wird UMJUBELT.

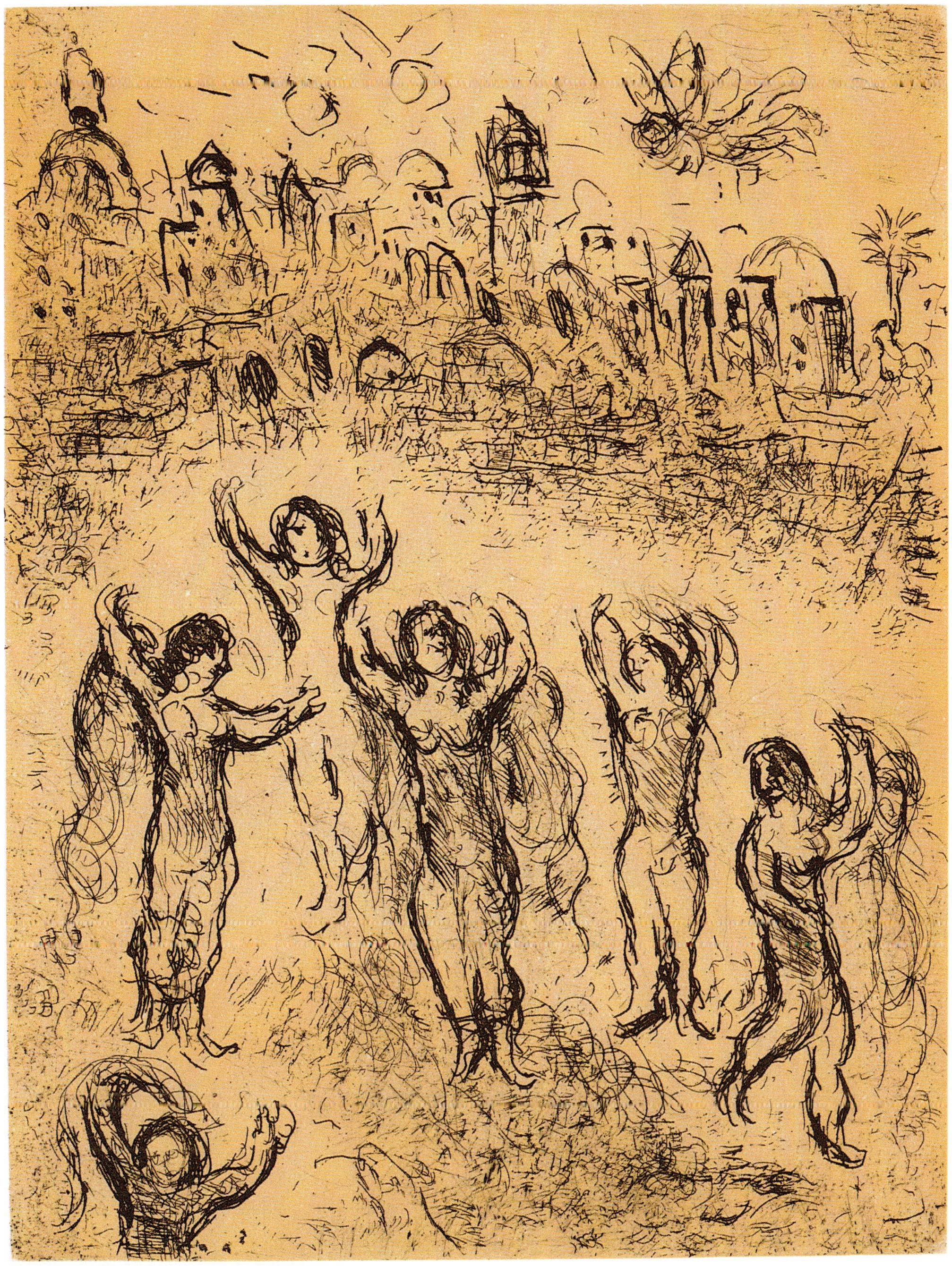

Gott, sei mir gnädig nach deiner Huld,
tilge meine Frevel nach deinem reichen Erbarmen!
Denn ich erkenne meine bösen Taten,
meine Sünde steht mir immer vor Augen.
Das Opfer, das dir gefällt, ist ein zerknirschter Geist,
ein zerbrochenes und zerschlagenes Herz
wirst du, Gott, nicht verschmähen.
In deiner Huld tu Gutes an Zion;
bau die Mauern Jerusalems wieder auf!

Psalm 51,3.5.19.20

ZERBROCHEN

Ein mystisches Bild, nur in geistigem Sichaufschwingen faßbar, im Symbol des Vogels rechts unten angemahnt!
König David sitzt auf dem Erdboden, nicht auf dem Thron; äußerlich groß gemalt, innerlich ganz klein, tief gebeugt, zerbrochen. Sein Haupt ist geneigt, das Auge verfinstert, als habe Gott zu ihm, wie einst zu Kain, gesagt: »Warum senkt sich dein Blick? Nicht wahr, wenn du recht tust, darfst du aufblicken« (Gen 4,6.7).
Grund zur Betrübnis besteht, wie bei Kain: »Zu groß ist meine Schuld, als daß ich sie tragen könnte« (Gen 4,13). Natan, der Prophet, von Gott zu David gesandt, sagt, was geschehen ist: »Du hast den Hetiter Urija mit dem Schwert erschlagen und hast dir seine Frau zur Frau genommen« (2 Sam 12,9). Zu Füßen des Königs, am linken Bildrand, steht Natan, blickt vorwurfsvoll, anklagend mit ausgestrecktem rechten Arm. Der König selbst, über die Bibel gebeugt, sieht sich in ihr wie in einem Spiegel: »Denn ich erkenne meine bösen Taten, meine Sünde steht mir immer vor Augen.«
Die Auswirkung von schwerer Schuld wird schaubar. Isoliert sitzt David außerhalb Jerusalems, sieht nichts mehr von der Schönheit der Gottesstadt, ihren Türmen, Palästen, Toren. Zu sehen ist nur noch eine hohe Mauer aus schweren Quadersteinen, erinnernd an die Klagemauer, hier Symbol eigener aufgetürmter Schuld. Isoliert sitzt er abseits der Menschen. Er kann ihnen nicht mehr ins Gesicht schauen, weil er an Menschen gefrevelt, damit Gottes Abbild geschändet, »Gott verachtet« (2 Sam 12,10) hat. Isoliert, ummauert von Schuld, kann er nicht mehr zu Gott aufschauen. So sieht er auch den oben im Bild schwebenden Engel mit dem siebenarmigen Leuchter nicht.
David, im Innern vereinsamt, ist sich selbst zur Qual geworden, »sein Geist zerknirscht, sein Herz gebrochen und zerschlagen«. Die einzige Antwort, die ihm bleibt: »Ich habe gegen den Herrn gesündigt« (2 Sam 12,13).
Selbsterkenntnis, Schuldbekenntnis, das »zerschlagene Herz« öffnen ihn für Gottes Vergebung. Nicht irgendein Buch, sondern die Bibel ist es, in der er Zuflucht sucht. Und sie kündet nicht nur Schuld, göttliche Gerechtigkeit, sondern mehr noch Gottes »Huld, Gnade, Erbarmen«, hebräisch »Mütterlichkeit«. So wagt David die Bitte: »Gott, sei mir gnädig nach deiner Huld, tilge meine Frevel nach deinem reichen Erbarmen.« Er ist überzeugt: »... ein zerbrochenes Herz wirst du, Gott, nicht verschmähen.«
Weil Gottes Huld biblische Botschaft ist, bittet er Gott in prophetischer Schau, Gutes zu tun an Zion, die Mauern Jerusalems nach Zerstörungen wiederaufzubauen und ebenso – in seiner persönlichen, aktuellen Situation – die im eigenen Herzen zerstörte Gottesstadt.
David hofft nicht vergebens. Der Engel mit dem siebenarmigen Leuchter, Symbol für den »in unzugänglichem Licht wohnenden Gott« (1 Tim 6,16), läßt dem König nach dessen Bekenntnis durch Natan sagen: »Der Herr hat dir deine Sünde vergeben, du wirst nicht sterben« (2 Sam 12,13). König David wird Erbarmen, denn Gottes Mütterlichkeit wird dem Herzen zuteil, das ZERBROCHEN.

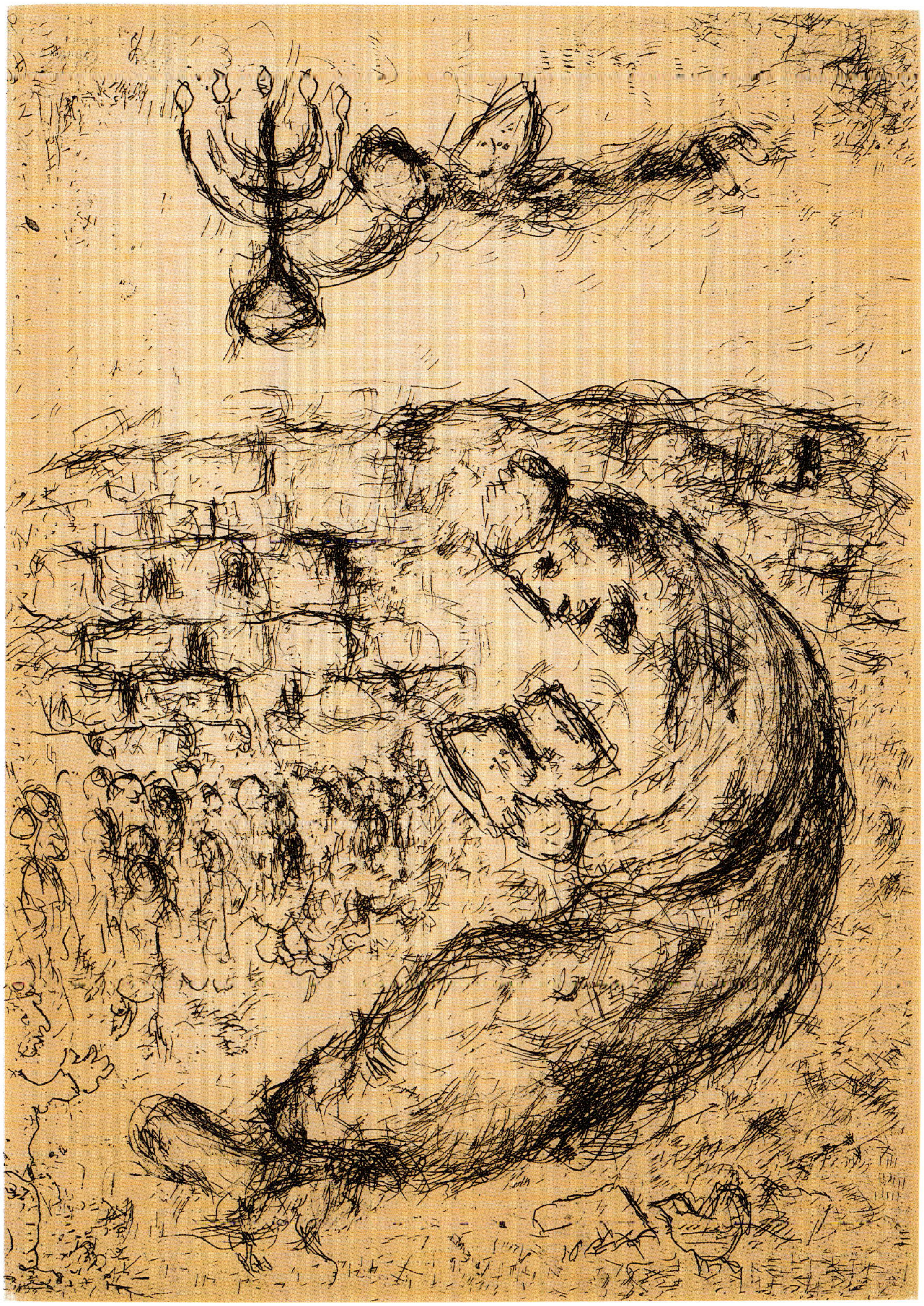

Gott, du mein Gott, dich suche ich,
meine Seele dürstet nach dir.
Nach dir schmachtet mein Leib
wie dürres, lechzendes Land ohne Wasser.
Ich denke an dich auf nächtlichem Lager
und sinne über dich nach, wenn ich wache.
Ja, du wurdest meine Hilfe:
jubeln kann ich im Schatten deiner Flügel.
Meine Seele hängt an dir,
deine rechte Hand hält mich fest.
Viele trachten mir ohne Grund nach dem Leben,
aber sie müssen hinabfahren in die Tiefen der Erde.

Psalm 63,2.7–10

SEHNSÜCHTIG

Wem gilt Davids Sehnsucht? – Der menschlichen, beflügelten Gestalt, diagonal der rechten oberen Bildecke eingefügt, herabschwebend, mit mütterlichem Gesichtsausdruck und vom Kopf ausgehenden Strahlen. Es ist der »Engel Gottes«, in der Bibel zuweilen mit Gott selbst identifiziert. Gott ist in menschlicher Gestalt gemalt, weil Gott Person ist im Dreipersonsein einer Wesenheit. Seiner Schöpfung zugetan, gilt ihm der Ruf: »Gott, du mein Gott, dich suche ich.« Dem Menschen ist die Sehnsucht eingeschaffen, und, da Leib-Seele-Wesen, teilt sie sich ihm in seiner Ganzheit mit.

So sehen wir den Betenden aufgerichteten Leibes, die Arme zu Gott emporgestreckt, ihn ergreifend zu sich herabzuziehen. Mehr schreitend als stehend, denn Sehnsucht ist Bewegung, drängt hin zu dem Ersehnten. Vom weißen Untergrund löst er sich, was die Gestalt schwebend erscheinen läßt. In dieser Gestik des Leibes wird sichtbar: »Nach dir schmachtet mein Leib.« Doch da ist nicht nur der Leib. Der Weißton in den Füßen, die den Menschen tragen, steigt in ihm auf, sein Gewand durchschimmernd, den Leib durchströmend, in sein Gesicht, um dann die Leiblichkeit aufzulösen in der linken, nach außen verdrehten zweiten rechten Hand, denn »deine rechte Hand hält mich fest.« Zugleich korrespondiert die Hand mit dem Vogel, der hoch darüber dem »Engel Gottes« nahe ist.

Der Vogel fliegt mit Kopf und anliegenden Flügeln nach unten, weil Zeichen für die Seele, die befähigt ist, sich vogelähnlich aufzuschwingen, sich mit all ihren Emotionen zu erheben, zu transzendieren bis hin zur Begegnung mit Gott im Gebet. So wird im ätherischen Weißton, überhöht im Bild des Vogels, erfahrbar: »Meine Seele dürstet nach dir.«

Sehnsucht bleibt nicht auf den Augenblick beschränkt: »Ich denke an dich auf nächtlichem Lager und sinne über dich nach, wenn ich wache.« Wir schauen das große Königsbett, Symbol für die Nacht. Und der Wachzustand wird dadurch verdeutlicht, daß der Betende statt zu liegen darauf steht. Für das Gebet hat die Krone keinerlei Bedeutung, zumal sie ohnehin von Gott verliehen ist (vgl. 1 Sam 16). David beläßt sie am Kopfende des Bettes.

Nicht unangefochten lebt der Psalmist. Grund, trotzdem zu jubeln, kommt ihm zu, weil ihn Gottes Flügel überschatten, er nicht ausgeliefert ist. Ist er den vielen gegenüber auch nur ein schwaches Lamm, wie im Bild unten, Gott stürzt die Feinde in die »Tiefen der Erde«. Die einen sind schon in ihr, einer Art Zisterne, andere fahren, kopfvoraus, in sie hinab.

Bedrohtsein stärkt im Betenden ganzmenschliches Gottsuchen: dürstend, schmachtend, SEHNSÜCHTIG.

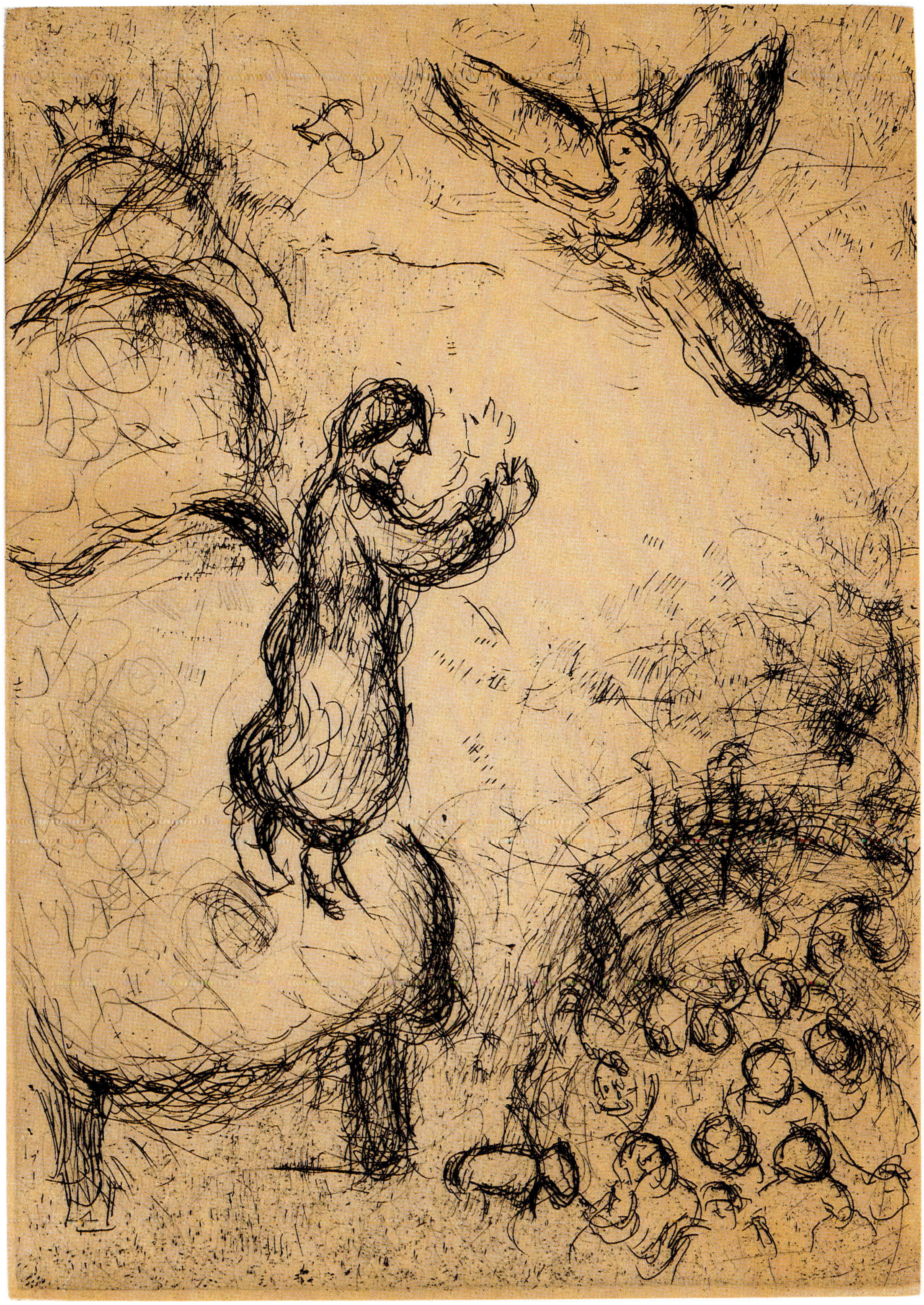

Herr, ich suche Zuflucht bei dir.
Laß mich doch niemals scheitern!
Herr, mein Gott, du bist ja meine Zuversicht,
meine Hoffnung von Jugend auf.
Verwirf mich nicht, wenn ich alt bin,
verlaß mich nicht, wenn meine Kräfte schwinden.
Denn meine Feinde reden schlecht von mir,
die auf mich lauern, beraten gemeinsam.

Psalm 71,1.5.9.10

ZUFLUCHT

Einer, der in äußerster Bedrängnis Zuflucht sucht, fliegt dem entgegen, der sie schenken kann. Fliehendfliegende Gestalt muß sein, denn Zuflucht wird ihm nicht von unten, nur von oben. In Düsternis getaucht, wird das Dunkel im Innern eines Menschen kund, der zum Überleben Zuflucht braucht. Die Arme sind erhoben, seine Hände vertauscht, die linke am rechten Arm, die rechte am linken, damit vergeistigend weisen beide zurück und nach oben zu ihm, von dem er sich Zuflucht erbetet. In der Krone geschieht nicht nur Davidisierung des Psalmisten. In ihr liegt auch das Eingeständnis, daß königliche Macht keineswegs des Ausgeliefertseins enthebt, zugleich, wem er sein Königtum verdankt. Sein Gesicht ist nicht das eines jungen Menschen, sondern eines, dem sein Älterwerden ins Gesicht geschrieben ist. Aufgebäumt greift er nach dem, der zwar nicht sichtbar, dennoch da ist, gleich ob hinter oder über ihm. So ist der Schwebende gemalter Flehruf: »Herr, ich suche Zuflucht bei dir!« Im Gebet gedenkt er seiner Kindheit. In Glaubenszuversicht und Hoffnung aufgewachsen, ist ihm der Umgang mit Gottes Wort »von Jugend an« vertraut.
Rechts am Bildrand schaut uns ein Junge an. Seine Hand weist auf das durch tief eingegrabene Linien hervorgehobene Buch, die Bibel, hin, die Gottes Wort beinhaltend, nicht erdenschwer aufliegt, sondern frei darüber schwebt.
Jetzt nicht mehr jung, ist er gezeichnet von Beschwerden des Alters und der Krankheit. Von der Bildecke rechts unten schaut auch er uns an, liegend in umrißhaft gemaltem Bett mit erhöhter Kopfstütze. Daumen und Zeigefinger seiner linken Hand deuten aus der Bettdecke heraus ebenfalls zur Bibel hoch, aus der ihm jetzt im Alter Hoffnung wird. Gefaßt sieht er uns an, auch wenn die Angst, im Altern noch zu scheitern, ihm nicht fremd ist: »Verwirf mich nicht, wenn ich alt bin, verlaß mich nicht, wenn meine Kräfte schwinden.«
Über Alter und Kranksein hinaus hat er auch Feinde, links unten in der Bildecke, die mit drohenden Gebärden, üble Pläne schmiedend, auf ihn lauern. Geistigkeit, erkennbar in dem kleinen Vogel, Leiblichkeit in dem gehörnten Tier am rechten Bildrand, verdeutlichen, den Blick zum Betenden gerichtet, daß Gebet in der Leib-Seele-Einheit des Menschen sich vollzieht.
Solches Gebet ist nicht vergebens, erhebt ins Licht. Gottes Engel, dem Betenden nicht sichtbar, schwebt, Zuflucht schenkend, mit offenen Armen zu ihm nieder. Ein anderer, links oben in der Bildecke, stürzt kopfvoraus nach unten, mit ausgestreckter Hand auf den großen Engel und jenen deutend, dem Hilfe werden soll. Und unter ihm, die Arme zum Einfangen geweitet, ist eine weitere Gestalt, die grimmig auf die Feinde niederschaut. Gezackte Linien lassen ahnen, daß ein Gewitter über ihnen sich zusammenbraut.
Wem Gott Hoffnung gibt, dem geht die Sonne – am rechten Bildrand oben – nie ganz unter. Auch die Blätter und Früchte treibenden Pflanzen zur Rechten und zur Linken, wie das sprossende Gras, sind Zeichen von Zuversicht und Hoffnung, daß trotz Alter, Schwäche und Verfolgung das Leben weitergeht, denn dem Betenden wird ZUFLUCHT.

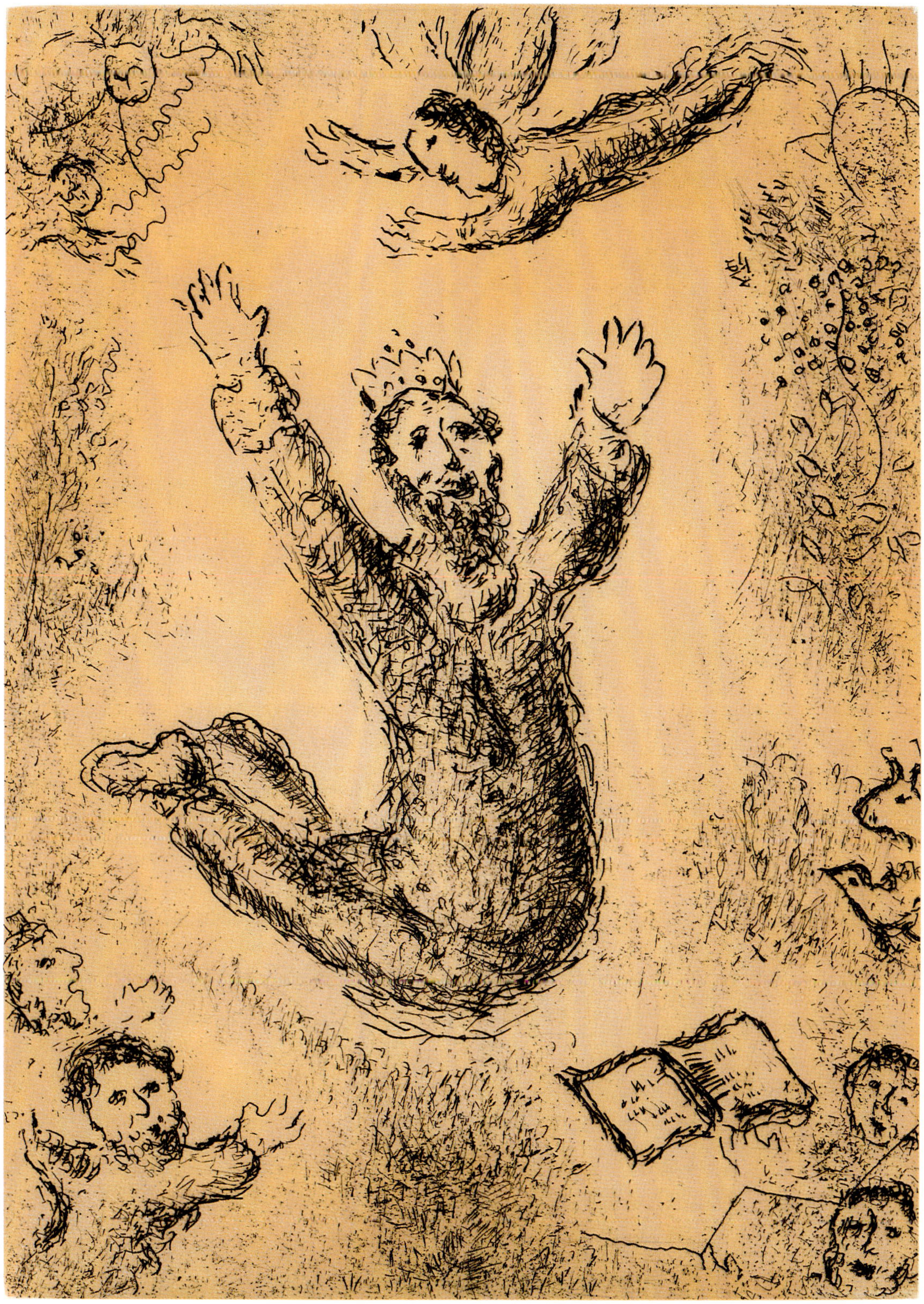

Verleih dein Richteramt, o Gott, dem König,
dem Königssohn gib dein gerechtes Walten.
Er soll leben, solange die Sonne bleibt und der Mond,
bis zu den fernsten Geschlechtern.
Die Gerechtigkeit blühe auf in seinen Tagen
und großer Friede, bis der Mond nicht mehr da ist.

Psalm 72,1.5.7

ERBLÜHT

Der Psalm ist Gebet für den König, trägt die Überschrift »Von Salomo«. Selbst wenn ihm nur zugeschrieben, deckt sich die Bitte inhaltlich mit der seinen in 1 Kön 3,9: »Verleih deinem Knecht ein hörendes Herz, damit er sein Volk regieren und das Gute vom Bösen zu unterscheiden versteht.«

Der König steht links am Bildrand. Psalm wie Bild weisen über ihn hinaus. Im Abbild ist das Idealbild, in Salomo der Messias-König dargestellt. So finden wir Bildelemente, wie die zweite Krone, schwebend über der auf seinem Haupt. Er ist mehr als nur irdischer König. Im Profil gemalt, hat Chagall anstelle des nicht sichtbaren, linken Auges dieses freischwebend gezeichnet, braucht doch der König zur Erfüllung seines Dienstes Einsicht, Umsicht, Tiefsicht in des Menschen Herz.

Die Gebetshaltung der erhobenen Arme ist entsprechend der Bitte »Verleih ... gib ...« die des Empfangens, weil solche Weisheit nur Geschenk sein kann. Es geht um »dein« – das ist Gottes »Richteramt«. Deshalb fehlt dem König das richtende Schwert. Es entfällt, denn »Die Rechte des Herrn ist erhoben, die Rechte des Herrn wirkt mit Macht« (Ps 118,16). Entsprechend sind die Hände betont groß gemalt, und die linke dürfte eine zweite rechte sein. Gott bedarf nicht irdischer Machtmittel.

Der Bitte wird Erhörung zuteil. Dem König gegenüber, Auge in Auge, sehen wir eine übergroß gemalte Henne, Symbol des Weiblich-Mütterlichen, der Empfänglichkeit. In ihr kommt dem König die erbetete Empfänglichkeit zu. Und da von Gott geschenkt, fliegt die Henne nicht mit ihren, sondern mit engelgleichen Flügeln über ihr.

Mit dem Schnabel, doch nicht von ihm gehalten, bringt die Henne einen Strauß. Der Künstler mag dabei an den Feststrauß am jüdischen Laubhüttenfest gedacht haben, der aus einem Palmzweig, Myrten und Bachweiden besteht. Von dem Palmzweig ist im Begleitgebet gesagt: »Ich halte bereit ... den Zweig der Palme, die herrlich sich hebt über ihn, den die Gerechtigkeit erhebt.« Somit ist die Palme Symbol göttlicher Gerechtigkeit, der Mütterlichkeit im Bild der Henne eigen ist.

Das dem Messias-König geschenkte »hörende Herz«, die auf Gewalt verzichten könnende »Rechte Gottes«, die von Mütterlichkeit durchwebte Gerechtigkeit schaffen den »großen Frieden«, der im Engel mit in Kreuzform geweiteten Armen und Flügeln – König, Feststrauß und Henne überwölbend – gemalt ist.

Dieser König, der Jerusalem und seinen Bewohnern am unteren Bildrand Gerechtigkeit und Frieden bringt, und das stellvertretend für uns und alle menschliche Behausung, er soll leben, »solange die Sonne bleibt und der Mond, bis zu den fernsten Geschlechtern«. So haben wir ganz oben, sich wiederholend, die Mondsichel, das Nachtgestirn in dem Taggestirn, der Sonne, von der sie ihr Licht empfängt. Beide sind Symbol für Zeit, Vergänglichkeit. Da der Messias unsterblich, der Vergänglichkeit enthoben ist, fliegt ein Engel herbei, um Sonne und Mond gleichsam wegzuschieben.

Im Reich des Messias-Königs erblühen Gerechtigkeit und Friede. Zeichen dafür sind fruchtbare Bäume am linken und rechten Bildrand. Von der Bildecke rechts oben fliegt ein Engel zum Baum hinab, dem König zu.

Von sonniger Atmosphäre ist das Bild insgesamt durchstrahlt und von Gottes Gerechtigkeit durchwaltet, so daß alle Schöpfung in »großem Frieden« ERBLÜHT.

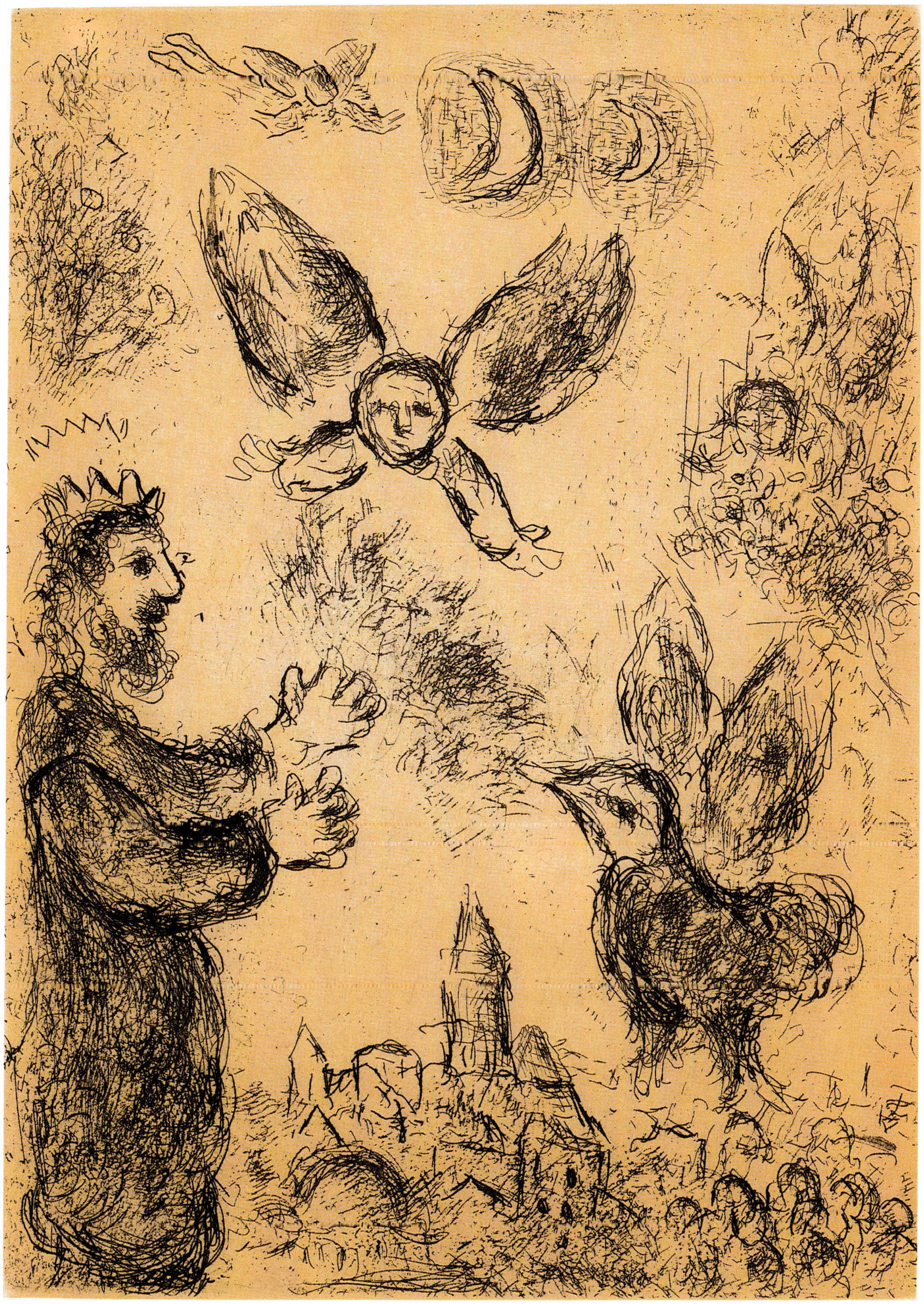

Ich rufe zu Gott, ich schreie,
ich rufe zu Gott, bis er mich hört.
Am Tag meiner Not suche ich den Herrn;
unablässig erhebe ich nachts meine Hände,
meine Seele läßt sich nicht trösten.
Denke ich an Gott, muß ich seufzen;
sinne ich nach, dann will mein Geist verzagen.
Du läßt mich nicht mehr schlafen;
ich bin voll Unruhe und kann nicht reden.

Psalm 77,2–5

UNABLÄSSIG

Der Baum, links unten, steht für den Psalmisten: »Er ist wie ein Baum, der an Wasserbächen gepflanzt ist ...« (Ps 1,3). Am Ufer eines breiten Baches stehend, ist er so voller Lebenskraft, daß er über sich hinaustreibt, aufgipfelt in einem jungen Baum. Im Kontrast zu ihm finden wir diagonal am anderen Ufer, rechts außen, nur Gestrüpp, denn das, was auf der Erde vorgeht, bereitet dem Psalmisten große Not.

Von ihm ist nur gemalt, was in ihm vorgeht. Mit sorgenvollem Gesicht blickt er uns an. Der Mund ist fast geschlossen, obschon »er ruft, seufzt, schreit, voll Unruhe ist« – ein Notschrei, der vor Leid verstummt: »Ich kann nicht reden.«

Den Grund für seine Not sieht er in Gott: »Denke ich an Gott, muß ich seufzen ... Du läßt mich nicht mehr schlafen.« Daraus erwächst die Frage: »Wird der Herr mich denn auf ewig verstoßen und mir niemals gnädig sein?« (77,8), die entmutigt zur Feststellung führt: »Da sagte ich mir: ›Das ist mein Schmerz, daß die Rechte des Herrn so anders handelt‹« (77,11).

Er ist allein. Ausweglosigkeit ist ins Gesicht geschrieben. Gewiß, einer ist da, aber auch er rührt sich nicht.

Trotz der Versuchung des an Gott Irrewerdens gibt der Psalmist nicht auf. Das zeigen seine Hände hinter und über dem Kopf. Sie sind zurück, auf Gott hin, zum Gebet geöffnet. Zwei rechte Hände, da nur die »Rechte Gottes« helfen könnte. Sonne oder Mond fehlen im Bild, denn stets das gleiche: »Am Tag meiner Not suche ich den Herrn, unablässig erhebe ich nachts meine Hände.« Was ihm bleibt: »Ich rufe, schreie zu Gott, bis er mich hört.«

Warum hat er nicht längst zu beten aufgehört? Die Antwort: »Ich sinne nach über die Tage von einst, ich will denken an längst vergangene Jahre ... Du hast mit starkem Arm dein Volk erlöst, die Kinder Jakobs und Josefs« (77,6.16). Das bewahrt vor Verzweiflung.

Der ausgeuferte Bach erinnert an die »früheren Wunder« (77,12), besonders am Schilfmeer, durch das der Herr sein Volk führte. Chagall hat das oberhalb, für den Psalmisten unsichtbar, gemalt, weil nur im Gedanken an die Schrift lebendig. Links sehen wir schwebend Mose mit den Bundestafeln, rechts das Gottesvolk. Auch damals blieb Gott unsichtbar: »Durch das Meer ging dein Weg, dein Pfad durch gewaltige Wasser, doch niemand sah deine Spuren. Du führtest dein Volk wie eine Herde durch die Hand von Mose und Aaron« (77,20.21).

Da gemaltes Klagelied, ist der Bildgrund feinstrukturiert mit notenähnlichen Zeichen. Aber es ist nicht Klage, die im Leid erstirbt, sondern Klage, die sich fängt im Bedenken, daß Gottes rettendes Walten, wie damals, so heute, wirksam werden kann. Die Hände des Psalmisten bleiben deshalb zum Gebet erhoben: UNABLÄSSIG.

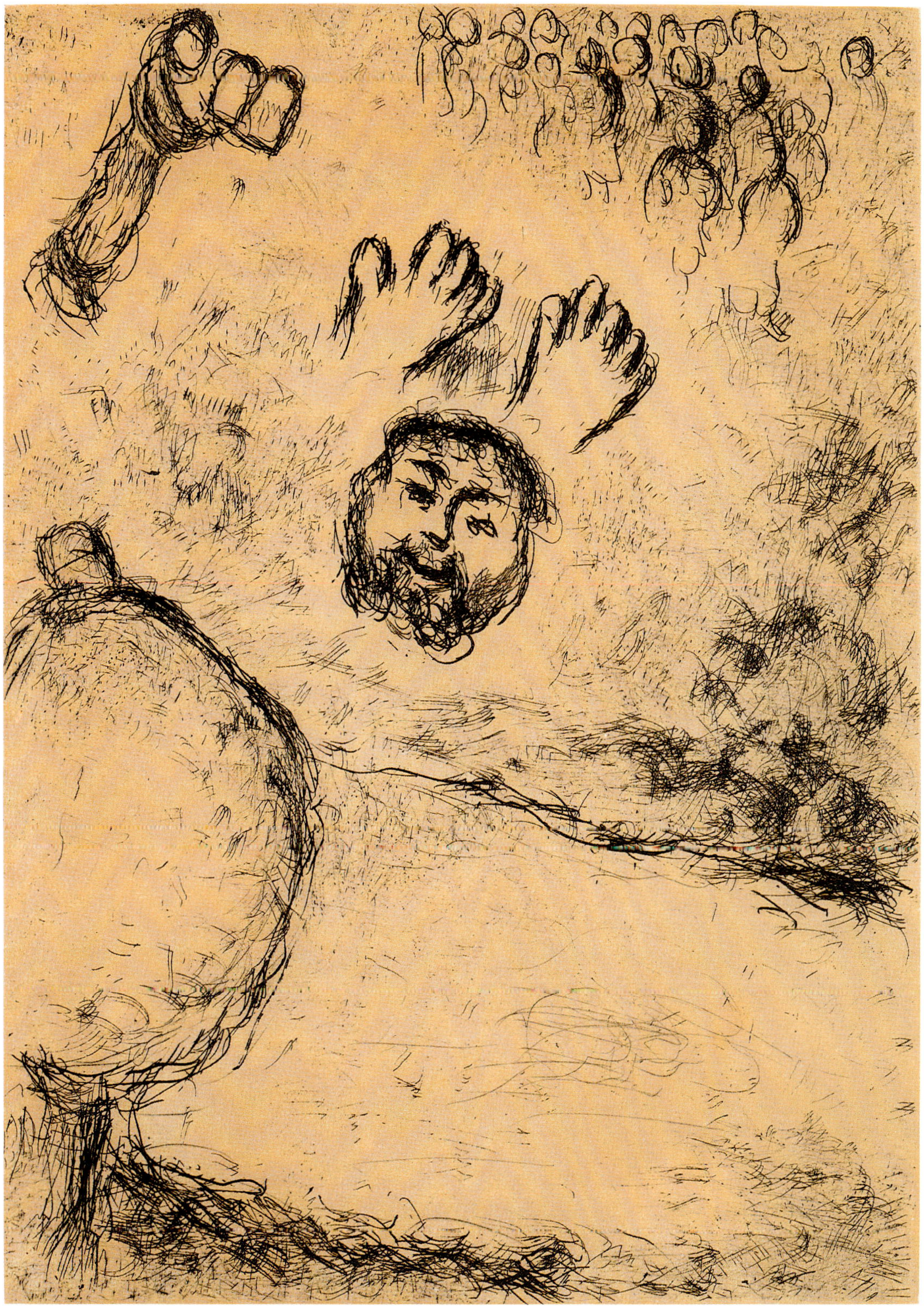

Jauchzt vor dem Herrn alle Länder der Erde!
Dient dem Herrn mit Freude!
Kommt vor sein Antlitz mit Jubel!
Erkennt: Der Herr allein ist Gott.
Er hat uns geschaffen, wir sind sein Eigentum.
Dankt ihm, preist seinen Namen!

Psalm 100,1–4

ERKENNT

Von Jauchzen ist nichts zu sehen. Dennoch ist der Psalm gemalt, weil der Weg dahin aufgezeigt wird.
Die Menschen in der rechten unteren Bildecke vertreten die Länder. Auf dem Erdboden stehend, ist es, als sei diese Niederung von Nebelschwaden dunstig überlagert, so daß nur Konturen erscheinen. Ihr Blick nach oben ist verschleiert. Weiterhin sind viele Köpfe erkennbar, aber alle gesichtslos. Wie wollen sie ohne Augen erkennen, was um sie und über ihnen vorgeht? Das aber trifft ihre Situation. Jesaja 6,9 ist von geistiger Blindheit, dem Zustand des »Sehens, aber nicht Erkennens« – zitiert auch in den Evangelien – die Rede. Diese Befindlichkeit ist in der Malweise der Erdbewohner dargestellt. Sie verhalten sich ähnlich dem Tier in der Mitte am rechten Bildrand, das nur das Grasen kennt.
Anders das Pferd, Symbol des Lebens, in der linken unteren Bildecke, eilt es doch, entsetzt zurückschauend, schnellstens von dannen. Aus »Nicht-Erkennen« kann kein »Gott freudig Dienen« erwachsen. Deshalb gilt es, aus diesem Zustand auszusteigen, aufzusteigen. Das deuten die Treppenstufen am unteren Bildrand an. Sie wollen nicht nur der Thronbesteigung dienen, sondern sind Bild für Aufstieg aus der Niederung.
In dem Thron, der nur aus Sitz, Rücken und Armlehne, aber ohne Stuhlbeine, besteht, wird die Aufwärtsbewegung weitergeführt. Ebenso gleicht der auf dem Thron erhöht sitzende König in betont geschwungenem Körper einer nach oben hin sich verjüngenden Straße, die zugleich verdeutlicht, daß Aufstieg zum »Erkennen« meist in vielen Windungen kurvenreich zur Höhe führt.
Des Königs gütiger Blick gilt dem Volk zu seinen Füßen. Sein linker Arm – ein zweiter rechter – mit nur angedeuteter Hand ist ausgestreckt, weist weg von sich zu Höherem hinauf. Entgegen den Untertanen ist seine Gestalt klar durchgezeichnet und in die Lichtsphäre gehoben. Er besitzt »Erkenntnis«, die er zu vermitteln hat.
Der König zeigt auf den Vogel, der überdimensional groß, in lichter Höhe, mit angelegten Flügeln, in den Lüften steht. In dem Vogel ist jene kostbare, menschliche Fähigkeit gemalt, sich aufschwingen, über sich hinausgehen, transzendieren zu können bis hin zur Begegnung mit Gott. Nur dazu ist er im Bild, um hinzudeuten auf den siebenarmigen Leuchter mit den brennenden Kerzen, den er trägt, zu dem er aufschaut: Zeichen für die Gegenwart Gottes. In Treppe, Thron, König, Vogel wird der Aufruf im Psalm verkündet: »Erkennt: Der Herr allein ist Gott. Er hat uns geschaffen, wir sind sein Eigentum.«
Aus diesem »Erkennt: Der Herr allein ist Gott« kann nun erwachsen, was in dem von der linken oberen Bildecke her auf den Leuchter zufliegenden Engel veranschaulicht ist. Hier gesichtslos gemalt, weil Engel geistige Wesen sind, denen Körperlichkeit nur zur Sichtbarwerdung gegeben wird; vielleicht aber auch, weil geblendet von dem, der »wohnt in unzugänglichem Licht« (1 Tim 6,16). Von den Fußspitzen bis zu den aneinander liegenden Armen mit nach oben geöffneten Händen fast eine Linie bildend, eilt er, geradewegs Gott zuschwebend, dem Licht entgegen. In seiner Gestalt ist er personifizierte Darbietung: »Dienet dem Herrn mit Freude! Kommt vor sein Antlitz mit Jubel!«
Gott freudig dienen, jauchzen, jubeln, danken, seinen Namen preisen, das alles erblüht dem, der »Der Herr allein ist Gott« ERKENNT.

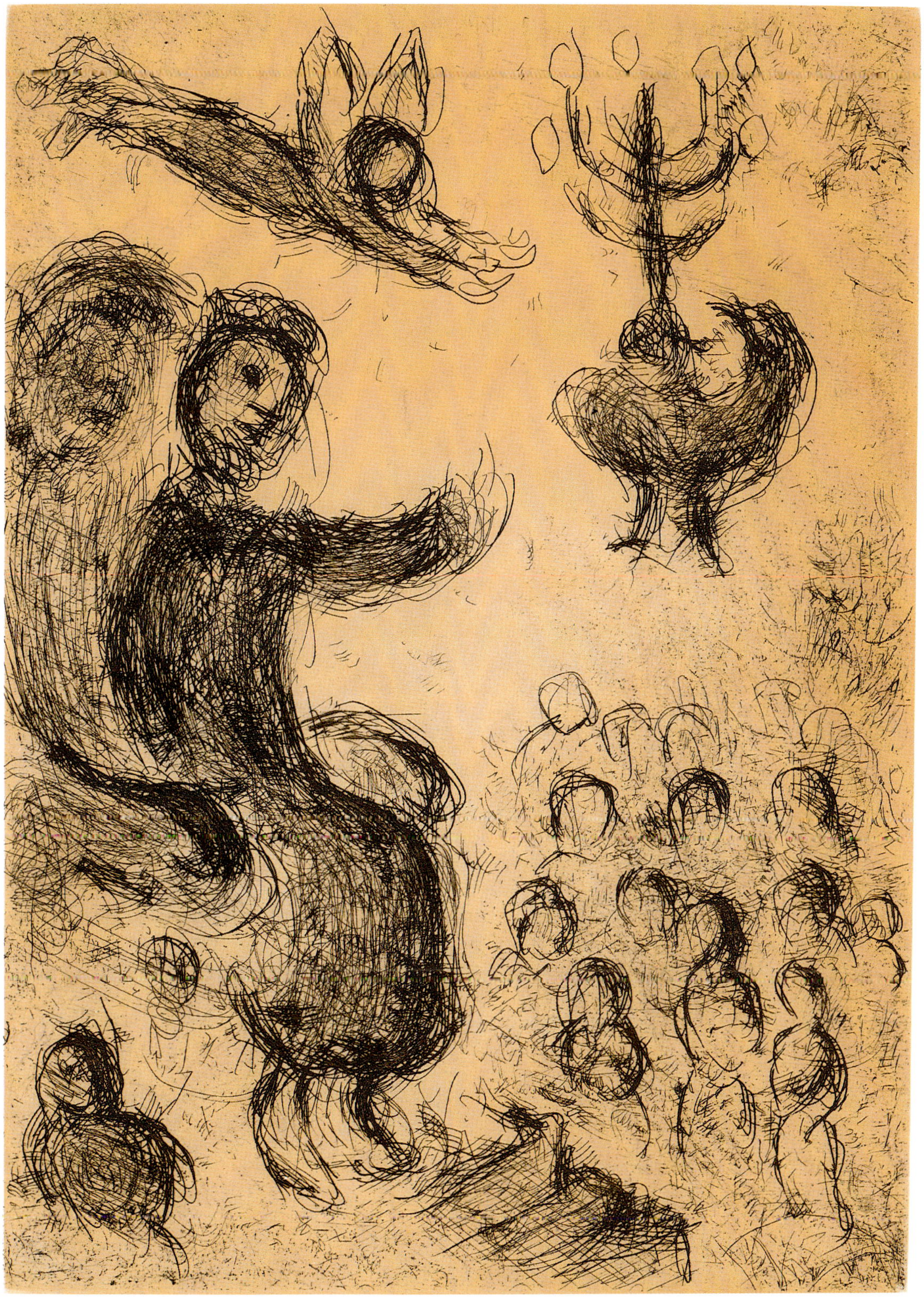

Als Israel aus Ägypten auszog,
Jakobs Haus aus dem Volk mit fremder Sprache,
da wurde Juda Gottes Heiligtum,
Israel das Gebiet seiner Herrschaft.
Das Meer sah es und floh,
der Jordan wich zurück.

Psalm 114,1–3

DANKBAR

Eine Gebetsart ist auch die betenden Gedenkens, dankbaren Erzählens. Die wenigen Verse von Psalm 114 und die zu ihnen geschaffene Grafik umspannen etwa 1300 Jahre göttlichen Wirkens: ein Zeit übergreifendes Lied, geraffte Heilsgeschichte.

Die Erinnerung beginnt: »Als Israel aus Ägypten auszog«, untrennbar verbunden mit jenem Knecht Gottes, von dem Jesus Sirach (45,1) rühmt: »Geliebt von Gott und den Menschen: Mose, sein Andenken sei zum Segen.« Am linken Bildrand oben gemalt, in ihm geschenkter Gottesnähe erstrahlend, die nach außen dringt in den von seinem Kopf ausgehenden Strahlen. Mose steht neben dem lichtesten Bildelement, den Tafeln des Bundes, die von Flügeln getragen sind, da Gott selbst sie beschriftet hat (vgl. Ex 34,1.28), in ihnen gegenwärtig ist.

Den größten Teil des mittleren und unteren Bereiches nimmt »Israel, Jakobs Haus« ein: Männer, Frauen, Mütter mit Kindern auf dem Arm, eine Frau, getragen von einem Esel. Viele erhobene Arme, eine am linken Bildrand nach oben auf Mose zeigende Hand. Gesten der Freude ob des erlebten Geschehens: »Das Meer sah es und floh« im Durchzug durch das Schilfmeer. Je näher dem oberhalb des Volkes angedeuteten Meer, das einen ziemlich ausgetrockneten Eindruck erweckt, um so mehr sind die Geretteten von einbrechendem Licht in Gottes rettendem Heilswirken erhellt. Auch in dieser Grafik sind die Gestalten gesichtslos gemalt, hier aber aus anderem Grund, denn der Psalm spricht nicht nur vom »geflüchteten Meer«, sondern fährt fort: »Der Jordan wich zurück.« Es geht um zwei zeitlich getrennte, dennoch verwandte, geschichtliche Begebenheiten: »Seht, die Bundeslade des Herrn der ganzen Erde zieht vor euch durch den Jordan« (Jos 3,11). Im Meer ist zugleich der Jordan – beide durch ein Wunder zum Durchzug ausgetrocknet – dargestellt. Weil aber dazwischen vierzig Jahre liegen, sind die meisten der Israeliten am Schilfmeer nicht mehr dieselben wie am Jordan. Es sind andere Gesichter, andere Generationen. Im Verzicht auf die Gesichter stehen die Gestalten für beide Ereignisse. Nur bei Mose ist das Gesicht gemalt, weil sein Wirken sich in Josua und weit darüber hinaus fortsetzt.

Ein drittes Ereignis wird bedacht: »Da wurde Juda Gottes Heiligtum, Israel das Gebiet seiner Herrschaft.« Hier ist Jerusalem angesprochen. Wir sehen die Stadt mit verdoppeltem Turm Davids und verdreifachtem Davidstern rechts oben im Bild. David hatte Jerusalem zur Hauptstadt der zwölf Stämme Israels erhoben und hier, im Gebiet von Juda, »Gottes Heiligtum« errichtet. Im obersten Bildbereich gemalt, sogar über den Tafeln des Bundes, klingt an, daß dem irdischen einst im himmlischen Jerusalem von Gott her die Vollendung wird.

Das alles sind freudige Ereignisse. Deshalb jauchzt sogar die Natur: »Die Berge hüpfen wie Widder, die Hügel wie junge Lämmer« (Ps 114,4). Indem Marc Chagall die Hügel vor der Stadt mit nach oben geöffneten Bögen unterfängt, läßt er sie »hüpfen«.

Noten, die den Bildgrund an vielen Stellen – etwa unterhalb des Mose – strukturieren, deuten das Bild als gemalten Psalm. Und die beiden Vögel am oberen Bildrand künden, daß wir zu Psalm- und Bildverständnis nur gelangen, schwingen auch wir uns hinauf zu Gott in geistlicher Betrachtung. Singend und bildhaft erzählendes Gedenken an Gottes Heilstaten führt zum Danken, stimmt DANKBAR.

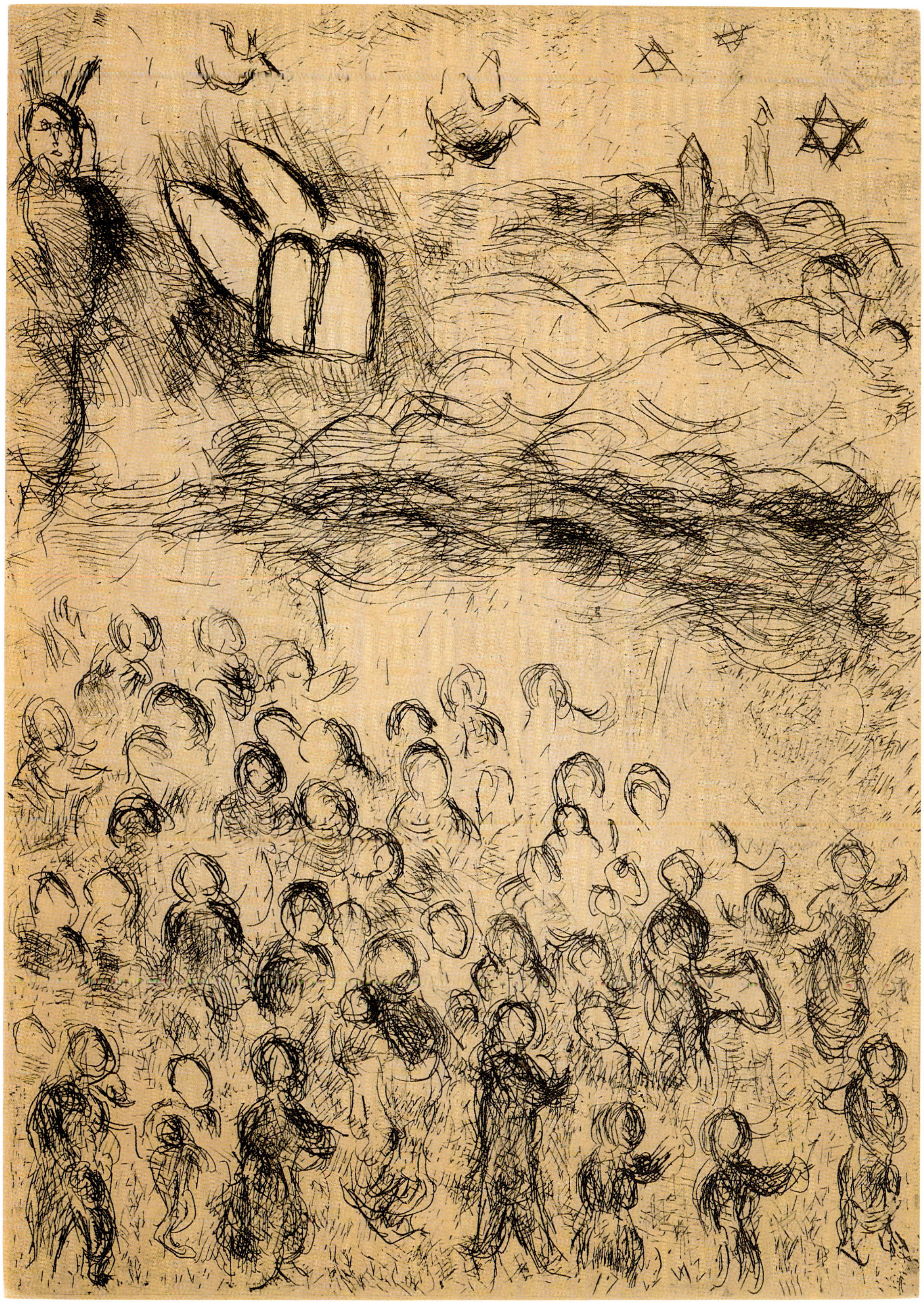

Ich freute mich, als man mir sagte:
»Zum Haus des Herrn wollen wir pilgern.«
Schon stehen wir in deinen Toren, Jerusalem:
Jerusalem, du starke Stadt,
dicht gebaut und fest gefügt.
Dorthin ziehen die Stämme hinauf,
die Stämme des Herrn, wie es Israel geboten ist,
den Namen des Herrn zu preisen.
Denn dort stehen Throne bereit für das Gericht,
die Throne des Hauses David.

Psalm 122,1–5

JERUSALEM

Aufstiegsgesang Davids« nach Martin Buber: Wir sehen die »Stämme des Herrn« in der rechten unteren Bildecke, aufsteigend zur Stadt Jerusalem rechts oben.
Nur umrißhaft ist Jerusalem in dem Turm Davids und den Wällen angedeutet. Pilger stehen noch nicht in seinen »Toren«, weil es nicht um die Steine der biblisch hochbedeutsamen Stadt geht, sondern um das, was Jeru-Schalajim beinhaltet: Stadt des Schalom (Friedens) zu sein.
Mit dem Tempel ist es nicht anders. Er fehlt im Bild. In Psalm und Grafik geht es um tieferes, das Geheimnis des Tempels und der Stadt: Gott selbst, durch den der Tempel zum »Haus des Herrn« wird, in dem er seinem Volk besonders nahe ist. Erhobene Hände der Pilger und in den Bildgrund eingestreute Noten sind Gesten der Freude: »Ich freute mich ...«
Das Ziel des Aufstiegs ist aus der Stadt herausgelöst. Mitte der Grafik ist der in lichtem Grund schwebende Leuchter, die Menora. Um sie kreisen alle Bildelemente. Auch die Menora ist verfremdet mit fünf statt sieben Armen und Kerzen gemalt, da auch sie nur Zeichen für den gegenwärtigen, aber unsichtbaren Herrn ist.
Um »den Herrn zu preisen«, bedarf es nicht nur der Gestik des Leibes, sondern noch mehr der sich zum Herrn emporschwingenden Seele, diagonal zu den Pilgern in dem übergroßen Vogel links oben dargestellt.
Der Stadt ist noch andere Bedeutung gegeben: »Denn dort stehen die Throne bereit für das Gericht.« Jerusalem ist zugleich Sitz des Königs, oberster Gerichtsbarkeit. So finden wir den Thron am linken Bildrand, und die Krone auf der Rückenlehne zeigt nicht nur, wem dieser Sitz gebührt; sie ist bewußt dort abgelegt, weil der König sich als Stellvertreter des Gott-Königs in seiner heiligen Wohnung zu verstehen hat.
So hat Chagall ihn gemalt. Gebeugt sitzt er auf dem Thron, in Ehrfurcht vor dem im Leuchter angedeuteten, gegenwärtigen Gott, zu dem der rechte Arm hinaufweist. Gebeugt vor Gott, weil auch der irdische König bekennen muß: »Meine Sünden holen mich ein, ich vermag nicht mehr aufzusehen« (Ps 40,13). Gebeugt herab zu seinem Volk, für das er König ist. Sein Gesichtsausdruck läßt erkennen, wie sehr er väterlich bemüht ist, die Tiefe der Volksseele und jedes einzelnen zu erschauen: ihre Nöte, Sünden, Konflikte. Auch um dem Volk den Blick zu öffnen für ein gutes Miteinander, muß seine Hand ständig zum Leuchter hin erhoben bleiben, da nur von Gott her werden kann: »Es begegnen einander Huld und Treue, Gerechtigkeit und Friede küssen sich« (Ps 85,11).
Der König trägt besondere Verantwortung, daß sich erfüllt: »Erbittet für Jerusalem Frieden! Wer dich liebt, sei in dir geborgen. Friede wohne in deinen Mauern, in deinen Häusern Geborgenheit« (Ps 122,6.7)
Die Stadt mit dem »Haus des Herrn« soll von Schalom beseelt sein entsprechend ihrem Namen: JERUSALEM.

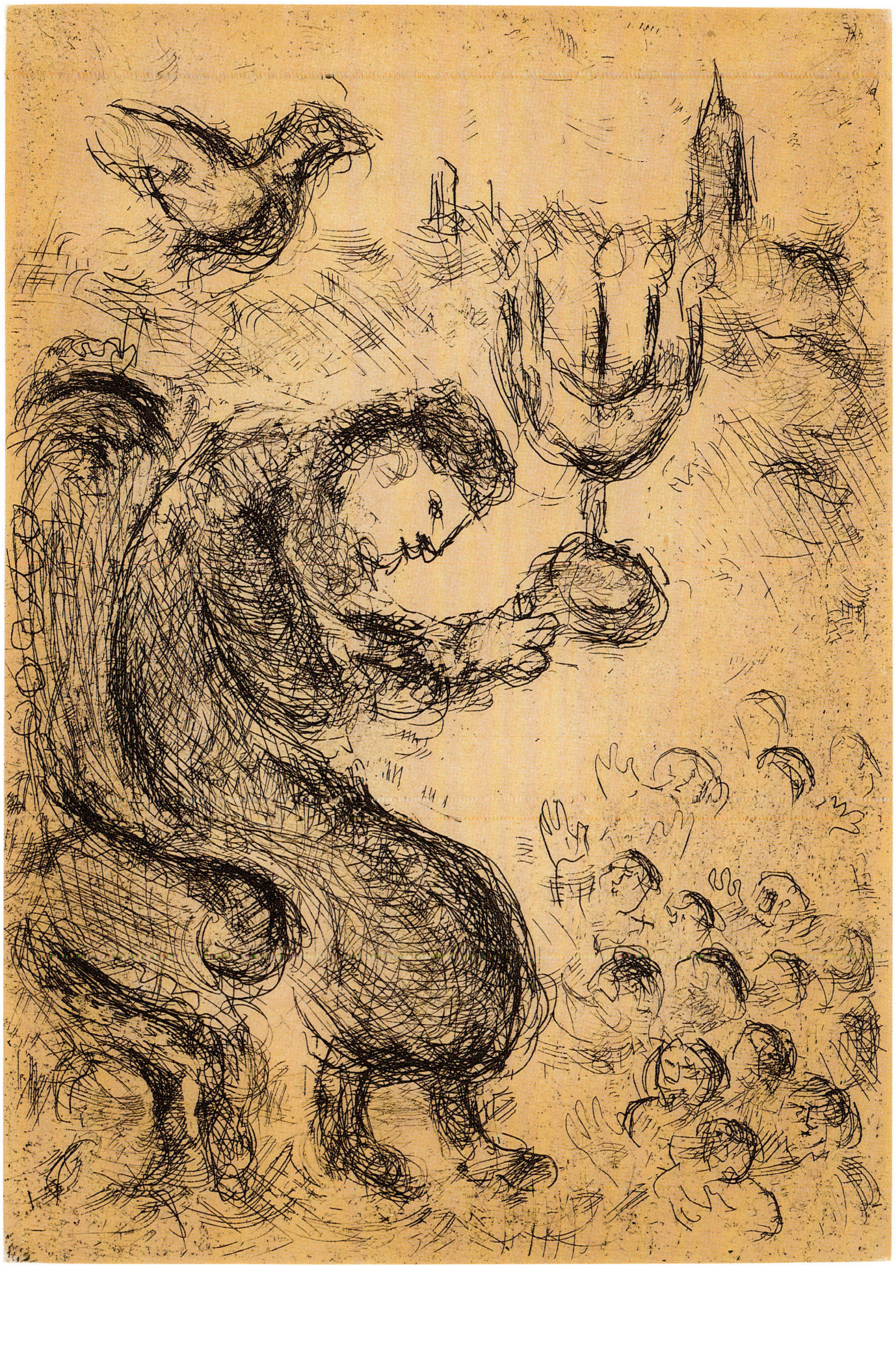

Herr, höre mein Gebet, vernimm mein Flehen;
in deiner Treue erhöre mich, in deiner Gerechtigkeit!
Ich breite die Hände aus zu dir;
meine Seele dürstet nach dir wie lechzendes Land.
Herr, erhöre mich bald, denn mein Geist wird müde.
Vertilge in deiner Huld meine Feinde,
laß all meine Gegner untergehen!
Denn ich bin dein Knecht.

Psalm 143,1.6.7.12

LECHZEND

Es gibt so viel Schönes, Frohmachendes, wie am rechten Bildrand von unten nach oben ersichtlich. Die Tierwelt ist vertreten, eine Stadt mit Häusern, wohl Jerusalem, die Natur in der prächtig gewachsenen Palme, und von der Bedeutung her zuoberst die Liebe von Mann und Frau in einem Liebespaar. Aber das alles ist verblaßt, an den Rand gerückt, von dem in große Not geratenen Menschen nicht mehr gesehen. Deshalb ist diese »heile Welt« auch nur zart angedeutet, in feinen Strichen der Kupferplatte eingeritzt.

Der Psalm ist David zugeschrieben. Auch seine Krone kann nicht helfen, wenn er – wie im Bild – ins Bodenlose versinkt. Schon bis in Schulterhöhe gesunken, ist einzig Angstschrei möglich und den Kopf zurücklegen, um noch atmen zu können.

Worin gründen Angst und Not? Da sind Feinde links oben, die ihn auf Pferden jagen. Zugleich sind sie auch Zeichen für innere Bedrängnis, die ebenso beängstigend und ausweglos sein kann, nicht selten ausgelöst durch eigene Schuld, wie Vers 2 uns kundtut: »Geh mit deinem Knecht nicht ins Gericht; denn keiner, der lebt, ist gerecht vor dir.« Die Feinde von innen und außen sind übermächtig, deshalb in starken Strichen gezeichnet.

Vielleicht ist doch noch Rettung vor gänzlichem Versinken möglich? Die steil nach oben gestreckten Arme sind nicht nur die eines Untergehenden, der verzweifelt sucht, woran er sich klammern kann. Die seltsam verformten Hände weisen darauf hin, daß ein Vorgang im Innern gemalt ist: Greifen nach Gott, zu dem er ruft: »Meine Seele dürstet nach dir wie lechzendes Land.« Zwischen den Armen ist so etwas wie eine Kluft, viel ausgeprägter, aber ähnlich ausgetrocknetem, zerklüftetem Land. So ist sein Inneres aufgerissen für den, dem seine Sehnsucht gehört: »Ich breite die Hände aus zu dir.« Sein Notschrei ist Hilferuf: »Herr, höre mein Gebet, vernimm mein Flehen!« Und da schon versinkend: »Herr, erhöre mich bald, denn mein Geist wird müde!« Sein Auge sucht den, der allein noch retten kann. Auch in Todesnot verläßt ihn der Glaube an Gottes Bundestreue nicht, wie Davids letzte Worte kundtun: »Ist nicht mein Haus durch Gott gesichert? Weil er mir einen ewigen Bund gewährt hat ...« (2 Sam 23,5). Daran erinnert er jetzt: »In deiner Treue erhöre mich, in deiner Gerechtigkeit! ... Denn ich bin dein Knecht.« Entsprechend ist die Bundestreue im Zeichen des Davidsterns der rechten oberen Bildecke eingefügt.

Gott steht zu seinem Bund. Schon fliegt ein Engel mit ausgebreiteten Armen in die Lichtschneise ein, die Feinde zu hemmen, den Untergehenden zu retten gemäß Psalm 106,44.45: »Doch als er ihr Flehen hörte, sah er auf ihre Not und dachte ihnen zuliebe an seinen Bund; er hatte Mitleid in seiner großen Gnade.« Erhörung wird dem, dessen Seele nach Gott dürstet, LECHZEND.

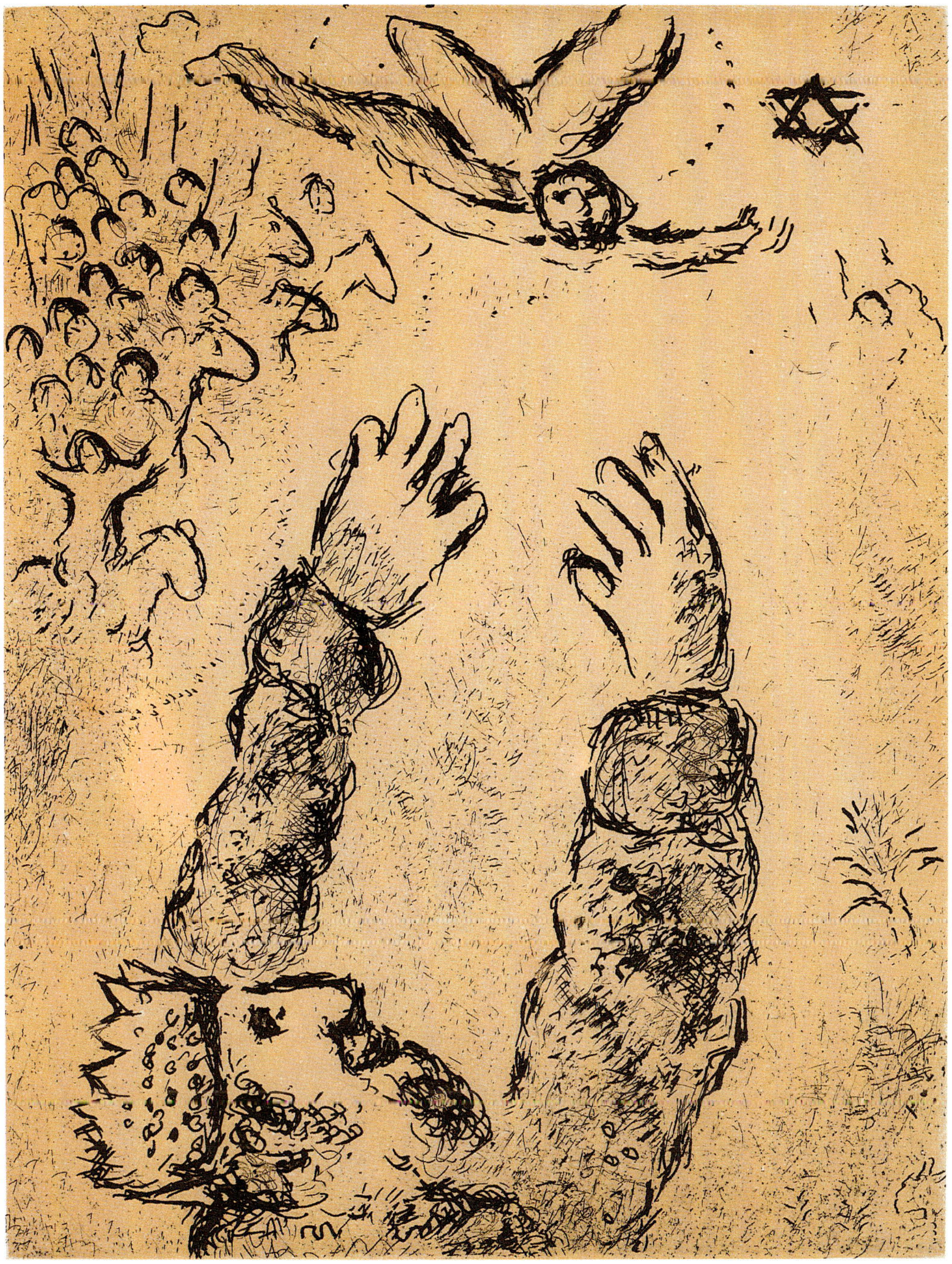

Stimmt dem Herrn ein Danklied an,
spielt unserem Gott auf der Harfe!
Jerusalem, preise den Herrn,
lobsinge, Zion, deinem Gott!
Denn er hat die Riegel deiner Tore festgemacht,
die Kinder in deiner Mitte gesegnet;
er verschafft deinen Grenzen Frieden,
und sättigt dich mit bestem Weizen.

Psalm 147,7.12–14

GESEGNET

Sich über die Bildbreite erstreckend, schauen wir Jerusalem im unteren Bereich, erkennbar an dem Turm Davids links und dem kuppelförmigen Felsendom rechts, dem Ort, wo einst der Tempel stand. Wenn auch Chagall in dem Sänger David malt, so entstammt der Psalm der nachexilischen Zeit, denn Grund zum Jubel ist der dank Gottes Segen gelungene Wiederaufbau der Heiligen Stadt. Auffallend ist die Lichtdurchflutung von Jerusalem, wurde der Wiederaufbau doch erst möglich, nachdem seine Bewohner in der Heimkehr aus der babylonischen Verbannung 538 v. Chr. Gottes Segen erfahren hatten.

Von beiden Heilstaten singt unser Psalm, Vers 2: »Der Herr baut Jerusalem wieder auf, er sammelt die Versprengten Israels.« Jerusalem ist mit Wällen und sicheren Toren zum Schutz der Bewohner befestigt. »Denn er hat die Riegel seiner Tore festgemacht, die Kinder in deiner Mitte gesegnet.« Zu diesem Segen gehört auch die Heilung von Spätschäden, die Fronarbeit und Exil bewirkt hatten: »Er heilt die gebrochenen Herzen und verbindet ihre schmerzenden Wunden« (Ps 147,3).

Die Natur ist gesegnet: »Er sättigt dich mit bestem Weizen«, der auf den Fluren unterhalb der Stadt gedeiht. Dazu bedarf es der Wolken in der linken oberen Bildecke und etwas tiefer gegenüber. Sie spenden erquickenden Regen, lassen über der Stadt »Gras auf den Bergen sprießen« (Ps 147,8.9), wichtig für das Weideland.

Der Segen über Bewohner und Stadt kann sich aber nur voll auswirken, weil Friede herrscht. So wird dafür besonders gedankt: »Er verschafft deinen Grenzen Frieden.« Über dem Bild liegt ein Hauch des Friedens, und der Segen Gottes ist verkörpert in dem Engel am rechten Bildrand, der mit schützenden Flügeln fürsorglich zu Jerusalem hinabschaut.

Von der Farbintensität und Größe her ist der gekrönte David mit der Harfe am stärksten betont. Sein Spiel und Gesang geschieht nicht zuerst aus eigenem Antrieb, sondern weil dazu gesegnet. Er schwebt schreitend hinter und zwischen zwei Pferden. Der zu erwartende Wagen fehlt, denn kein Wagen, sondern der König selbst soll gezogen werden. Die Pferde sind im Bild, um anzudeuten, daß der König selbst sich zu Dank und Lobpreis hingezogen fühlt, und wohin es ihn zieht. Der Weg führt nach oben.

Die Pferde gehen schwebend gemächlich im Schritt, damit David ihnen, zur Harfe singend, folgen kann. Pferde sind Leibwesen. So sollte dankbare Freude auch Seele und Leib erfassen, ganzmenschlich sein, wie dies in Psalm 84,2 aufklingt: »Mein Herz und mein Leib jauchzen ihm zu, ihm, dem lebendigen Gott.« David fühlt sich aber nicht nur wie von Pferden gezogen, sondern auch gedrängt, gleichsam geschoben, von dem Engel im Rücken, der mit offenen Armen auf ihn zufliegt.

Es ist Gottes Segen, der David treibt, den Herrn zu preisen, ihm zu danken. Es ist Gottes Segen, der David zum Aufruf bewegt: »Stimmt dem Herrn ein Danklied an, spielt unserem Gott auf der Harfe! Jerusalem, preise den Herrn, lobsinge, Zion, deinem Gott!« Es ist Gottes Segen, wenn er im eigenen Tun andere zum Mittun begeistert.

Psalm 147 läßt uns im Wort und in der zu ihm geschaffenen Grafik erfahren: Gottes Segen eilt immer voraus. Alles Gute geschieht, weil vom Herrn zuvor GESEGNET.

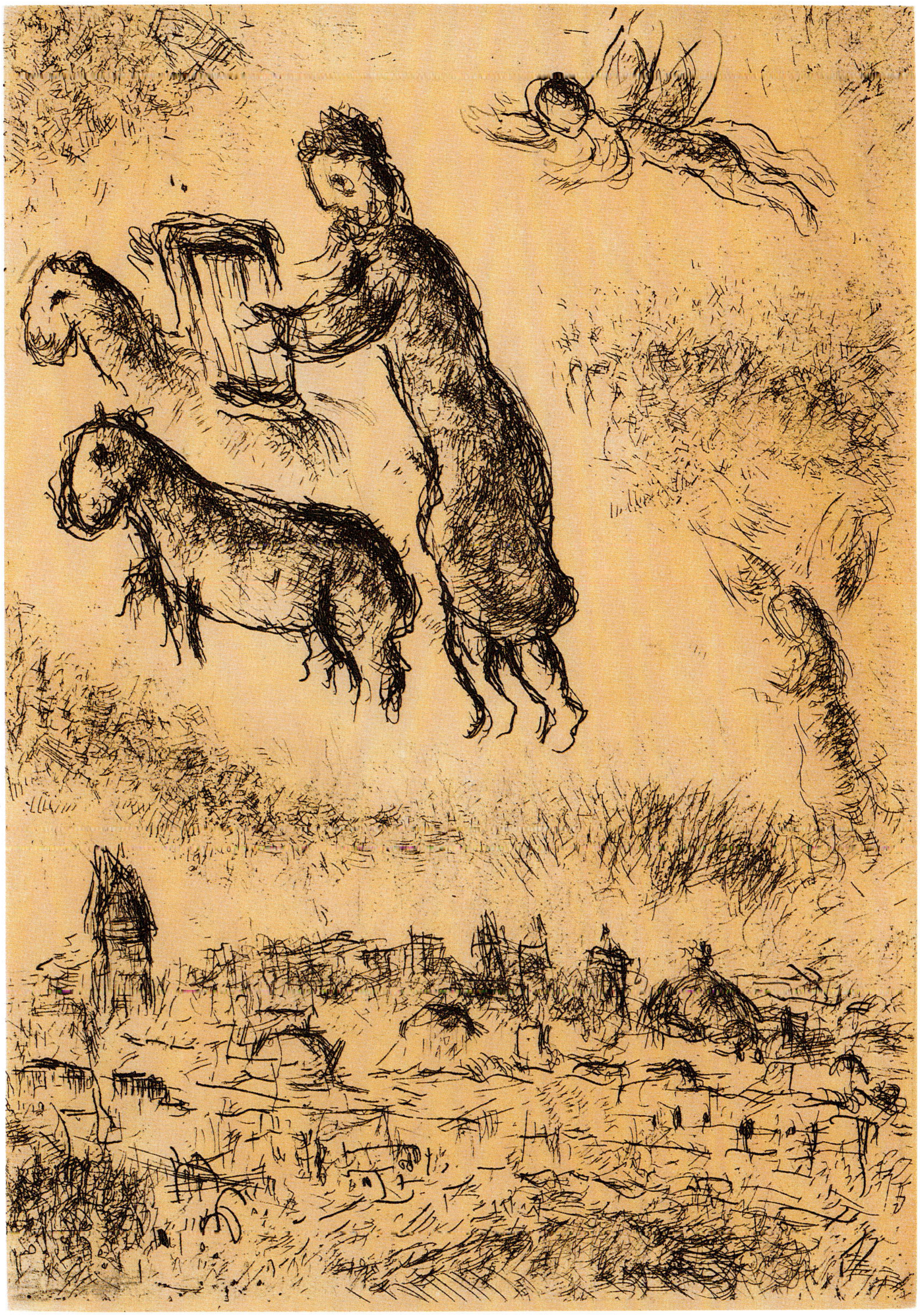

Halleluja! Lobet Gott in seinem Heiligtum,
lobt ihn in seiner mächtigen Feste!
Lobt ihn für seine großen Taten,
lobt ihn in seiner gewaltigen Größe!
Lobt ihn mit dem Schall der Hörner,
lobt ihn mit Harfe und Zither!
Lobt ihn mit Pauken und Tanz,
lobt ihn mit Flöten und Saitenspiel!
Lobt ihn mit hellen Zimbeln,
lobt ihn mit klingenden Zimbeln!
Alles, was atmet, lobe den Herrn! Halleluja!

Psalm 150,1–6

PREISUNG

Psalm 150 ist der letzte in dem »Buch der Preisungen«, wie Martin Buber übersetzt. Er beginnt und endet mit »Halleluja«: »Lobet den Namen des Herrn!« Auch alle Verse sind Preisung, von Marc Chagall gemalt. Eine Vielzahl von Gestalten wirbelt durch die Grafik, verschieden in Gestik und Tun, vereint in ihm, dem ihr Tun gilt. Jede Person verleiht der eigenen Ergriffenheit Ausdruck.

In der rechten oberen Bildecke sehen wir einen Bogen, der einer Gewölberippe ähnelt, an ein Gotteshaus erinnert. Daß es um den Tempel in Jerusalem geht, deuten die beiden Davidsterne am oberen Bildrand an. Und von der Form her weckt der Bogen den Gedanken an den Regenbogen, das Bundeszeichen. Die Gewölberippe ist am rechten Bildrand nach unten wie mit aneinandergereihten Steinen verlängert, die nicht tragen, nur zeichenhaft dartun wollen, welcher Raum die Preisenden umfängt: »Lobt Gott in seinem Heiligtum!«

Noch andere sind zur Preisung gerufen: »Lobt ihn in seiner mächtigen Feste« – die Bewohner des Himmels. Der Künstler weist auf das Überirdische hin, indem er den Gewölbebogen nur bis zum oberen Bildrand führt, den Tempel nach oben offen läßt.

Im Übergang vom Irdischen zum Himmlischen schweben nun auch die »Tafeln des Bundes« (Ex 31,18), die im Allerheiligsten des Tempels aufbewahrt wurden und die zugleich Zeichen für den in ihnen gegenwärtigen Gott sind, dem die Preisung auf der Erde und im Himmel dargeboten wird. Die Bundestafeln erinnern stellvertretend aber auch an die »großen Taten Gottes«, die im Bundesschluß am Sinai einen Höhepunkt finden.

Nun ist die musikalische Begleitung der Preisungen gemalt »mit dem Schall der Hörner« in der Person mit dem Schofar unterhalb der Bundestafeln; links davon »mit Saitenspiel« in der in ihr Spiel versunkenen Geigerin. Rechts am Rand finden wir die größte Gestalt mit dem zur Begleitung der Psalmen Davids wichtigsten Instrument, der Harfe. In der Mitte erblicken wir eine Frau mit Tamburin (»Pauken«) in erhobener Hand. Ihr zugeordnet bis in die linke untere Bildecke hinein sind ekstatisch Tanzende. Auch die Flöte zur Rechten fehlt nicht im Gotteslob, und der Bildgrund ist mit Notenzeilen strukturiert.

Auch der letzte Vers: »Alles, was atmet, lobe den Herrn!« ist illustriert, so in dem Vogel der linken oberen Bildecke, der nicht nur zu Gott aufsteigendes Gotteslob symbolisiert, sondern in Vogelstimmen sich der Preisung integriert. Und am unteren Bildrand liegt ein Kranker, der das ihm noch Mögliche tut: seinen Kopf ein wenig aufrichtend und den Arm hebend, stimmt er in die Preisung ein.

Menschlicher Grundberufung entsprechend, rufen Psalm und Bild auch uns zur PREISUNG.

Marc Chagall

Meister der Farbe und der biblischen Botschaft

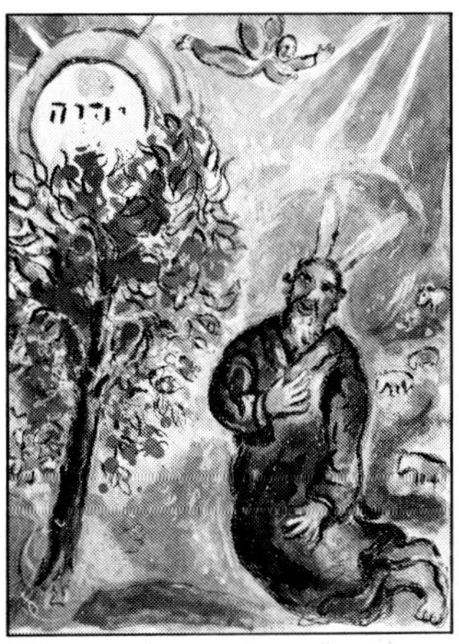

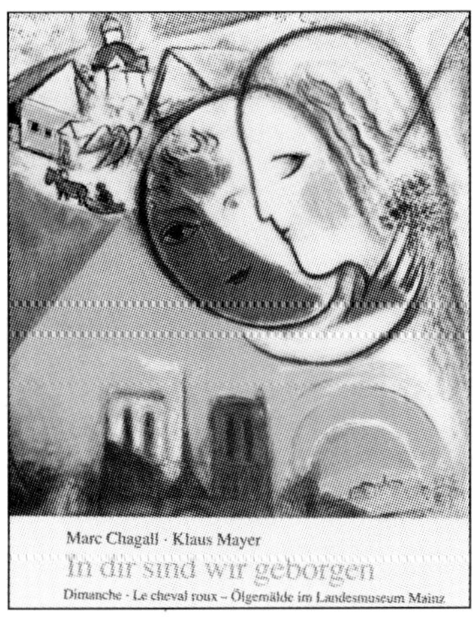

Ich bin mit dir. Der Weg Gottes mit seinem Volk im farblithographischen Zyklus des Jahres 1966 zum Buch Exodus. 116 Seiten, 25 Farbtafeln.
DM 58,– / öS 453,– / SFr. 58.–. ISBN 3-429-01197-3.

In dir sind wir geborgen. Dimanche – Le cheval roux. Ölgemälde im Landesmuseum Mainz. 40 Seiten, 9 Farbtafeln.
DM 29, – / öS 226,– / SFr. 29.80. ISBN 3-429-01378-X.

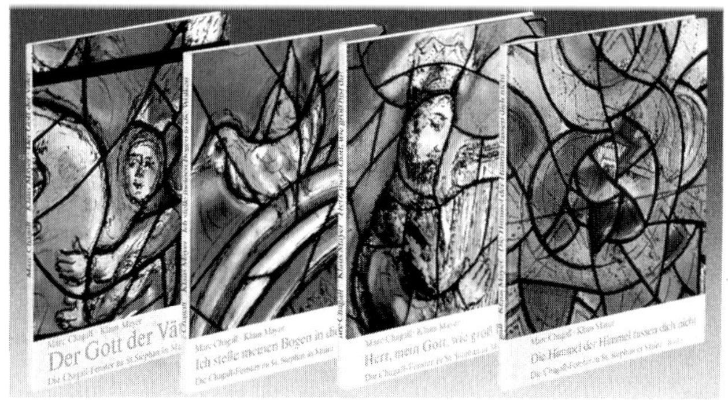

Die Chagallfenster zu St. Stephan in Mainz.

Band 1: Der Gott der Väter.
Das Mittelfenster.
10. Auflage 1993. 56 Seiten, 13 Farbtafeln.
DM 38,– / öS 297,– / SFr. 39.–. ISBN 3-429-00573-6.

Band 2: Ich stelle meinen Bogen in die Wolken.
Die flankierenden Mittelfenster.
9. Auflage 1994. 82 Seiten, 20 Farbtafeln.
DM 48,– / öS 375,– / SFr. 48.–. ISBN 3-429-00616-3.

Band 3: Herr, mein Gott, wie groß bist Du!
Die seitlichen Fenster.
6. Auflage 1994. 78 Seiten, 20 Farbtafeln.
DM 48,– / öS 375,– / SFr. 48.–.
ISBN 3-429-00739-9.

Band 4: Die Himmel der Himmel fassen dich nicht.
Die Querhausfenster.
2. Auflage 1989. 64 Seiten, 16 Farbtafeln.
DM 48,– / öS 375,– / SFr. 48.–. ISBN 3-429-01001-2.

Alle vier Bände zusammen,
eingeschweißt: DM 164,– / öS 1.279,– / SFr. 164.–.
ISBN 3-429-01639-8.
Im Schuber: DM 195,– / öS 1.521,– / SFr. 195.–.
ISBN 3-429-01059-4.

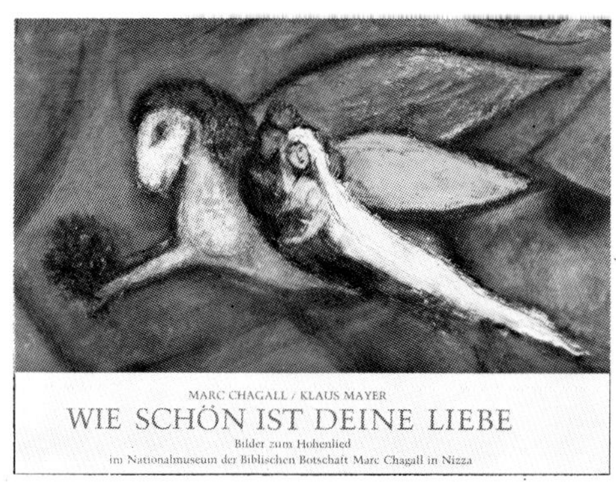

Wie schön ist deine Liebe! Bilder zum Hohenlied im Nationalmuseum der Biblischen Botschaft Marc Chagall in Nizza. 5. Auflage 1994.
DM 48,– / öS 375,– / SFr. 48.–. ISBN 3-429-00857-3.

echter

Stand 31.12.1994. Irrtum und Änderungen vorbehalten.

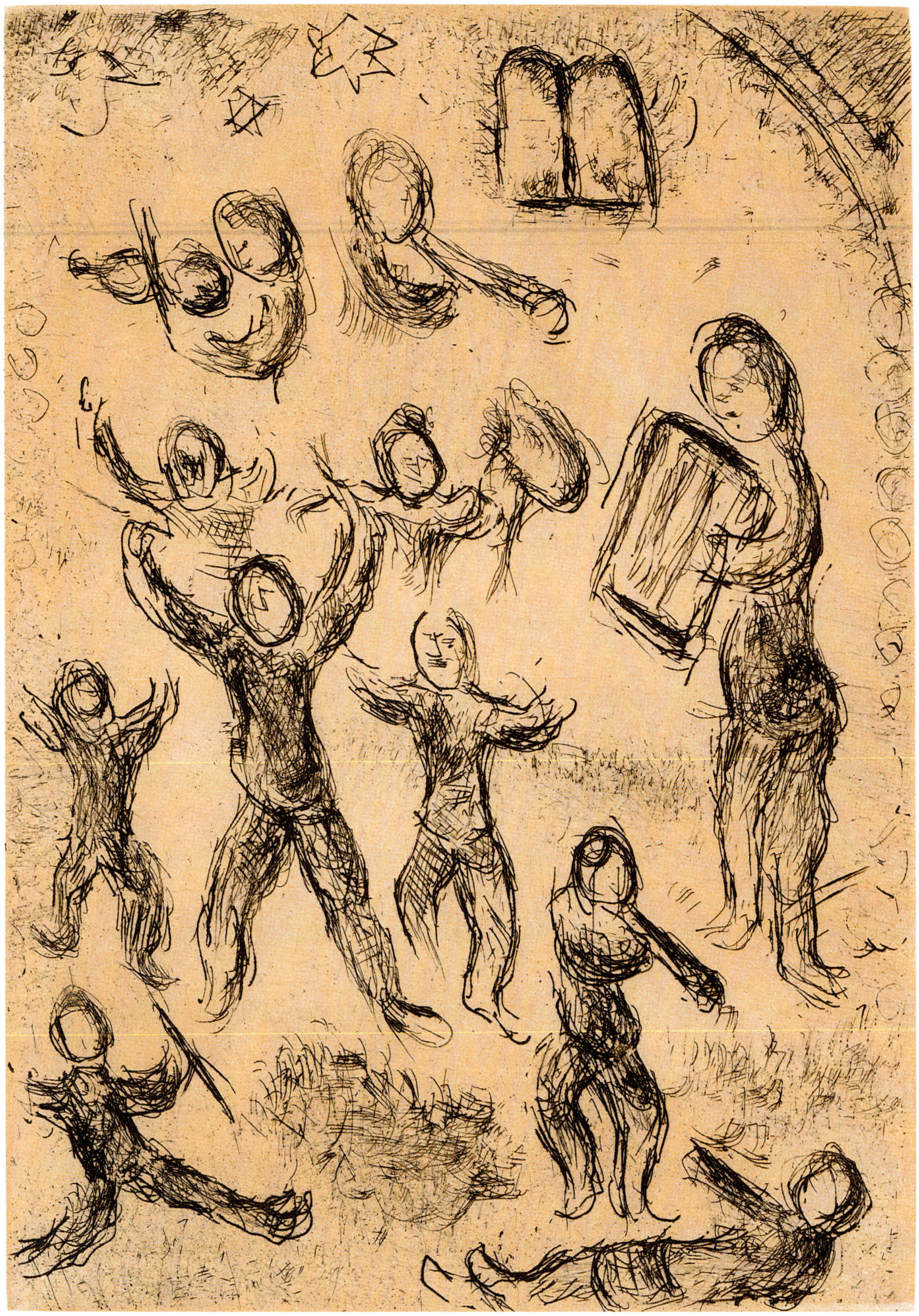